Antonio Moscatello

JAPON

51 CHOSES À FAIRE AU MOINS UNE FOIS DANS SA VIE

日本

Illustrations d'Ayano Otani

nuinui

nuinui® est une marque déposée et enregistrée de Nuinui SA
Chemin du Tsan du Pèri, 10 - 3971 Chermignon - Suisse

www.nuinui.ch

@nuinui_books_fr
@nuinuibooksfrance

Direction éditoriale : Federica Romagnoli
Coordination éditoriale : Alessia Platinetti
Traduction : Cécile Breffort
Illustrations : Ayano Otani
Conception graphique couverture et intérieur : Stefania Costanzo
Réalisation PAO : Stefania Costanzo

Édition originale :
101 cose da fare a Tokyo e in Giappone almeno una volta nella vita

Published in arrangement with MalaTesta Lit. Ag. Milano.

ISBN 978 2 88935 937 0

Imprimé en Pologne

Carte du Japon

JAPON
HOKKAIDŌ
AOMORI
AKITA
NIIGATA
KYŌTO
TŌKYŌ
HIROSHIMA
NARA
ŌSAKA
NAGASAKI
KAGOSHIMA
OKINAWA

Sommaire

page 8 Introduction
10 Avertissement sur la transcription et la prononciation des mots japonais

12 **1.** Acheter le Japan Rail Pass et réunir tous les documents nécessaires
17 **2.** Se prendre en photo devant la statue Gundam
22 **3.** S'embrasser la nuit à Odaiba, devant le Rainbow Bridge
27 **4.** Entrer dans un navire espion nord-coréen
32 **5.** Manger le meilleur sushi du monde
37 **6.** Manger les aliments les plus répugnants (à voir) du Japon
42 **7.** Voir les baleines évoluer en liberté
46 **8.** Aborder le débat de la chasse à la baleine
52 **9.** Se perdre dans la cité des livres
56 **10.** Observer le monde par la poitrine de Bouddha
60 **11.** Manger du poisson vivant (défenseurs des animaux et personnes sensibles s'abstenir !)
64 **12.** Aller au théâtre Kabuki
69 **13.** Découvrir l'art du Van Gogh japonais
74 **14.** Flotter comme un petit iceberg dans la mer gelée
79 **15.** Se laisser porter par les tourbillons de Naruto
83 **16.** Boire le meilleur saké du monde
87 **17.** Gravir le mont Fuji, symbole du Japon
92 **18.** Se rendre dans la ville des fantômes et des monstres
97 **19.** Aller voir les singes se baigner dans les sources thermales

page 102 **20.** Pénétrer à l'intérieur du Bouddha du Futur
107 **21.** Entrer dans la narine de Bouddha
110 **22.** Assister à un meeting, sans rien comprendre mais en s'amusant quand même
115 **23.** Se faire presser comme des sardines dans le métro
119 **24.** Observer l'étrange gestuelle chorégraphique des machinistes japonais
123 **25.** Danser avec la foule pour égayer les âmes des défunts
128 **26.** Assister au défilé des chars allégoriques du *Nebuta Matsuri*
132 **27.** Manger du fugu mortel
136 **28.** Goûter à la « pizza japonaise », l'*okonomiyaki*
140 **29.** Consommer le phénoménal *champon* à Nagasaki
144 **30.** Se retrouver brusquement aux Pays-Bas sans quitter le Japon
149 **31.** Rendre visite à la déesse du Soleil (sans franchir le seuil de sa demeure)
154 **32.** Rendre visite aux sirènes de la péninsule aux perles
158 **33.** Se rendre à l'extrême sud du Japon et se retrouver à Naples
162 **34.** Boire le plus vieux saké du monde
167 **35.** Écouter les tambours au château noir du Corbeau
171 **36.** Attendre les fées sur l'étang bleu de Shirogane
177 **37.** Contempler la fugacité de la vie devant les deux cent mille tombes de l'Okunoin

page 181 **38.** Se rendre sur l'île aux Lapins, sans oublier son effroyable passé
185 **39.** Gravir les trois montagnes de Kumano à la rencontre des dieux
190 **40.** Se rendre au temple des chats qui saluent
194 **41.** Visiter l'île navire de guerre
199 **42.** Traverser les instables ponts suspendus de la secrète Vallée des ancêtres
203 **43.** Emprunter l'ancien tracé reliant les deux capitales
207 **44.** Visiter le mont Yoshino, paradis des cerisiers en fleur
212 **45.** Visiter le site où l'herbe verte est ce qu'il subsiste des anciens guerriers
217 **46.** Aborder le mystérieux univers des *kanji*
221 **47.** Visiter le musée d'Ueno pour découvrir l'histoire du Japon et son art
225 **48.** Nager dans la magnifique mer turquoise de Hateruma, l'île la plus au sud du Japon
229 **49.** Écouter la musique traditionnelle japonaise jouée avec des instruments comme le *koto* et le *shamisen*
233 **50.** Succomber au charme du théâtre Nō
239 **51.** Contempler les cerisiers en fleur : le *hanami*

244 Lieux et expériences

招福
招福
千万
千万両
招福
千万

Introduction

Ce livre s'adresse à quiconque a enfin pris la décision de faire le voyage de sa vie au Japon, mais ne veut pas se contenter de visiter les localités mentionnées dans tous les guides touristiques du monde. Cet ouvrage est conçu pour tous ceux qui entendent connaître un peu mieux la culture, l'histoire, les habitudes des Japonais, et qu'une visite éclair des principaux monuments ne saurait satisfaire. Il ravira les curieux en quête de savoir, mais qui ont aussi envie de s'amuser en découvrant de nouveaux lieux.
Le Pavillon d'or de Kyōto pour les amoureux de l'art, le musée du Studio Ghibli pour les fans de dessins animés, Akihabara pour les passionnés d'électronique figurent dans les guides de voyage alignés sur les étagères des bibliothèques et les rayons des librairies. Ce livre n'en parlera pas, ou bien les évoquera sous un autre point de vue.

L'idée consiste à dresser une carte émotionnelle du Japon rassemblant tout ce qui relève du « japonisme », sans tomber dans les stéréotypes et les clichés. Cela suppose d'aller au-delà de la simple observation pour **expérimenter** des lieux et des actes qui constituent l'essence du mode de vie et de la façon d'appréhender le monde des Japonais, pour acquérir des connaissances souvent peu répandues en Occident, mais capitales pour les habitants de ce pays. En veillant à ne négliger aucun détail, même le moins éclatant.

Qu'éprouve-t-on, par exemple, face à un navire espion nord-coréen ? Quel goût a le plat de poisson le plus inquiétant jamais mangé (et considéré comme un régal par les Japonais) ? Quelle impression ressent-on à voir les baleines en liberté dans l'océan, puis les endroits où elles sont chassées et même consommées ? Ou à naviguer à bord d'un brise-glace de l'extrême nord du

Japon, dans la mer d'Okhotsk gelée ? Ou bien encore à se rendre sur les blanches plages d'Okinawa pour nager dans une eau cristalline, tandis que les avions de chasse américains sillonnent le ciel ? Et, enfin, à profiter comme les macaques des sources thermales dans la neige ?

Ce livre part d'un principe élémentaire, mais qui n'est pas acquis d'avance. Pour découvrir le Japon, il faut le parcourir, et les transports au pays du Soleil-Levant revêtent des prix exorbitants. Heureusement, les touristes bénéficient de gros avantages, comme le Japan Rail Pass. Certains ignorent l'existence de ce précieux sésame, mais son achat constitue la première des 101 choses à faire. En sortant des sentiers battus et en évoquant des sites à l'écart de toute fréquentation étrangère, mais particulièrement significatifs pour les Japonais, cet ouvrage espère rendre le lecteur pleinement conscient de l'essence de ce pays que beaucoup croient connaître, mais qui continue en réalité de leur échapper, comme le raconte le grand écrivain Tanizaki Jun'ichirō dans son *Éloge de l'ombre*.

日本

Avertissement sur la transcription et la prononciation des mots japonais

La transcription en caractères latins des termes japonais suit le système Hepburn.
Toutes les lettres se prononcent, telles quelles, sans se combiner comme en français (par exemple AI se prononce « aï » et non « è »).
Les voyelles A, I et O se prononcent comme en français. Le E se prononce toujours « é » et le U, « ou ». Les voyelles surmontées d'une barre horizontale (signe diacritique équivalant à l'accent circonflexe) sont longues.
Les consonnes se prononcent comme en français, en notant que :

- ch se prononce tch ;
- g est toujours dur, même devant un i ou un e ;
- h se prononce avec une forte expiration ;
- j se prononce dj ;
- k se prononce comme un c dur ;
- s ne se prononce jamais z ;
- sh se prononce ch ;
- w se prononce « ou », comme en anglais, et non « v » ;
- ts se prononce comme dans tsar ou tsigane ;
- z se prononce légèrement dz.

Conformément à l'usage japonais, les noms de famille précèdent les prénoms dans le texte.
La barre horizontale au-dessus d'une voyelle signale une prononciation allongée de cette dernière.
Rappelons que le japonais écrit est un mélange de deux syllabaires (*hiragana* et *katakana*) dont chaque signe ne possède pas de signification propre, et de caractères d'origine chinoise

(*kanji*) ayant un sens propre. Les caractères syllabiques servent - essentiellement - pour les parties flexionnelles du discours, et les *kanji* pour les parties non variables des morphèmes (mais il s'agit d'une règle générale).
Dans ce livre, certains mots clés de chaque chapitre seront transcrits en japonais également, pour permettre au lecteur d'apprécier cet aspect de la culture nippone et, le cas échéant, de mieux appréhender un concept.

Dénomination des périodes historiques japonaises

Jōmon (12000-300 av. J.-C.)
Yayoi (300 av. J.-C.-250 apr. J.-C.)
Kofun (250-538)
Asuka (538-710)
Nara (710-794)
Heian (794-1185)
Kamakura (1185-1333)
Muromachi (1338-1573)
Azuchi-Momoyama (1573-1603)
Edo (1603-1868)
Meiji (1868-1912)
Taishō (1912-926)
Shōwa (1926-1989)
Heisei (1989-2019)
Reiwa (2019-)

日本

1

Acheter le Japan Rail Pass et réunir tous les documents nécessaires

Vous avez l'intention de vous rendre au Japon, un pays qui fait depuis longtemps partie de votre horizon culturel car dans votre prime jeunesse, vous étiez un fervent amateur de dessins animés, à l'adolescence vous vous êtes lancé avec plus ou moins de succès dans la pratique des arts martiaux, et une fois adulte vous avez décidé de sacrifier votre condition physique à la fréquentation assidue des restaurants de sushi ou, pire encore, de *rāmen* ?

Et bien sachez que si nos deux cultures entretiennent effectivement d'étroites relations, l'immigration nippone n'en reste pas moins très frileuse et n'a rien à envier à celle d'autres nations frappées par le phénomène du terrorisme international, qui n'a pourtant jamais ne serait-ce qu'effleuré le pays du Soleil-Levant.

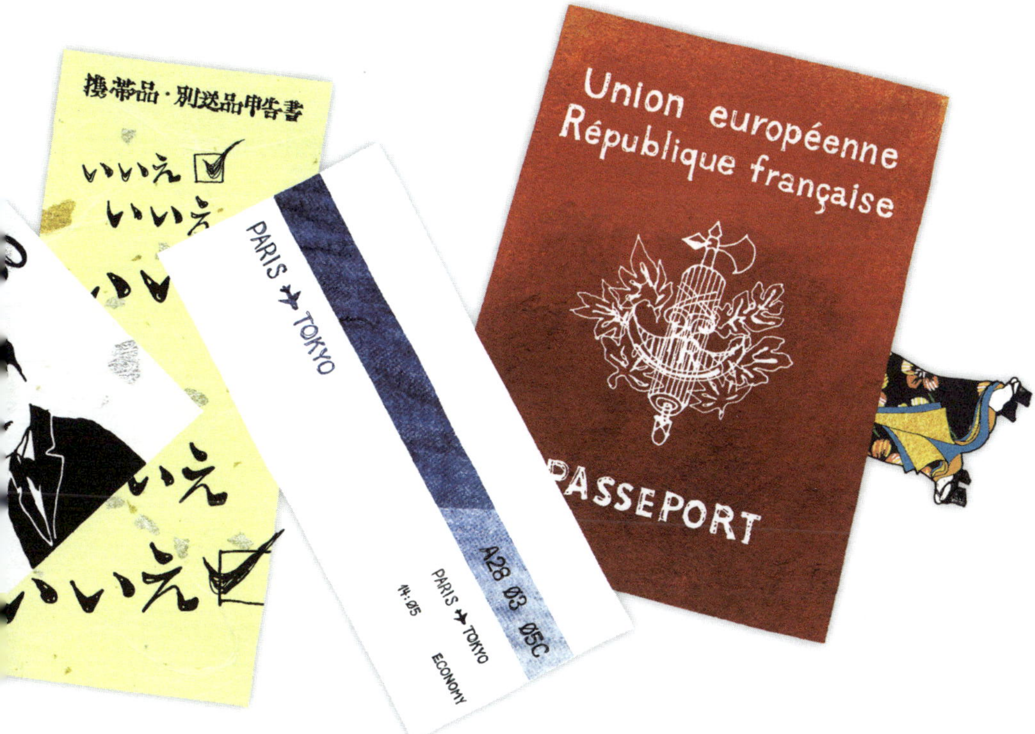

Commençons par le commencement : pour entrer au Japon, il faut un passeport. Cette formalité ne relève pas forcément de l'évidence pour des citoyens européens, habitués à l'espace Schengen : le Japon ne se trouvant pas en Europe occidentale, seul un accord bilatéral entre Paris et Tōkyō exempte les ressortissants français de la présentation d'un visa pour un séjour inférieur à trois mois. Vous échapperez ainsi aux pénibles files d'attente aux bureaux des sièges diplomatiques, mais vous devrez au moins être l'heureux détenteur d'un beau passeport en cours de validité.
Après avoir vérifié que vous possédez tous les papiers officiels nécessaires, vous pourrez acheter un billet d'avion (rien ne vous empêche cependant d'essayer de gagner le Japon par d'autres moyens, si vous avez du temps et l'esprit d'aventure).

Il existe différentes gammes de prix, selon l'itinéraire emprunté. Comptez environ 12 heures pour un vol direct entre Paris et Tōkyō. Avec une escale, le voyage pourra durer jusqu'à 20 heures. Je vous conseille donc de vous habiller confortablement et de choisir, si possible, une place côté couloir. Vous profiterez moins de la vue au décollage et à l'atterrissage, mais vous n'hésiterez pas à vous lever pour vous dégourdir les jambes et aller aux toilettes, sans avoir à réveiller ou à déployer force acrobaties pour enjamber votre voisin japonais endormi. Car, mieux vaut le savoir à l'avance, un Japonais arrive à dormir profondément durant tout le trajet en avion comme en train, quand vous ne ferez que bouger, vous agiter, enchaîner film sur film et jouer à Tetris pour tromper les interminables heures de voyage.
À un moment donné, on vous remettra deux jolies petites feuilles de papier, l'une blanche et l'autre jaune pâle, imprimées dans un corps de caractère défiant la capacité de lecture même d'un individu jouissant d'une acuité visuelle hors pair. La première est la **carte de débarquement**, à remplir en indiquant vos coordonnées, les références du vol, la durée du séjour, l'adresse où vous résiderez (inscrivez simplement celle de votre premier hôtel). Je vous déconseille vivement de déclarer par esprit bravache que vous avez déjà été expulsé du Japon, que vous commettez habituellement des crimes ou que vous êtes en possession d'armes ou d'explosifs (des questions effectivement posées dans ce document), à moins que ce ne soit la pure vérité.
Le feuillet jaune pâle est en revanche une déclaration de douane demandant les mêmes informations générales et si vous êtes en possession de marchandises illégales ou d'échantillons commerciaux, ou bien encore de sommes d'argent dépassant largement ce qu'un touriste ordinaire a le droit de détenir. Là aussi, mieux vaut avoir la vue bien aiguisée et viser une série de « non ».
Remplir les formulaires pourra constituer un amusant dérivatif pendant le voyage. La première fois, vous commettrez certainement une erreur et il y aura toujours un Français résidant depuis plus ou moins longtemps au Japon qui mourra d'envie de partager son **expérience** issue d'années de contrôles

douaniers et de mésaventures en tout genre à l'aéroport d'arrivée japonais.

Parvenu enfin dans l'atmosphère ouatée de l'aéroport de Narita (qui accueille la plupart des vols internationaux à destination de Tōkyō, le mieux étant néanmoins d'atterrir à Haneda, plus proche de la ville), la longueur de la queue qui vous attend à l'immigration dépend de l'horaire d'arrivée. À la prise des empreintes digitales s'ajoutera un double scan rétinien. L'aimable préposé au contrôle des passeports vous demandera probablement dans un anglais approximatif le but de votre visite, avant de vous orienter vers la zone de retrait des bagages. Vous découvrirez alors que ces derniers défilent sur le tapis roulant depuis un bon moment et récupérerez ainsi votre chère valise en deux temps trois mouvements, avant de prendre place dans la file dédiée au contrôle des bagages. Ne vous fiez pas à la courtoise bonhomie de l'employé qui n'hésitera pas à vous faire tout ouvrir. Si quelque chose paraît suspect ou non conforme, il faudra vous soumettre à des contrôles supplémentaires. Mais il y a de grandes chances pour que vous ne transportiez rien qui vous vaille des ennuis avec la justice. J'ose du moins le penser.
Le contrôle des bagages une fois passé sans encombre, vous pourrez enfin vous sentir vraiment au Japon. Il conviendra alors de procéder à deux opérations indispensables : le change des devises (si vous n'avez pas pris soin de le faire avant de partir) et l'achat d'une carte SIM avec abonnement pour téléphoner, plus éventuellement la location d'un router mobile si vous estimez en avoir besoin. Mieux vaut ne pas utiliser le roaming international, qui coûte les yeux de la tête.
Aux arrivées internationales, vous trouverez un large choix de kiosques pour effectuer l'une et l'autre. Prenez tout votre temps : rien ne presse.

Après quoi, quelques pas suffiront pour gagner la gare ferroviaire permettant de rejoindre votre destination. Là aussi, prenez votre temps. Sélectionnez, en fonction du lieu où vous souhaitez vous rendre, l'opérateur proposant le prix le plus intéressant. Et profitez-en pour acheter sur place l'une ou l'autre des cartes prépayées PASMO ou SUICA, émises respectivement par des opérateurs privés et l'ancienne Compagnie nationale des chemins de fer japonais JR, à utiliser sur tout le réseau ferroviaire urbain, mais également pour régler les transports en bus ou en taxi, des boissons aux distributeurs automatiques, et même des repas au restaurant. Pensez en outre à franchir la porte du bureau JR pour obtenir le Japan Rail Pass contre votre bon d'échange.

Ah, j'allais oublier ! Le Japan Rail Pass s'avère indispensable si vous ne voulez pas vous ruiner en déplacement. Il s'agit d'un abonnement prépayé aux lignes JR, valable sur presque tous les trains, y compris une partie des Shinkansen (trains à grande vitesse), à quelques rares exceptions près.

Au Japon, les transports coûtent très cher et il faut absolument se procurer ce pass de la taille d'une carte d'identité. Le Japan Rail Pass s'achète généralement avant le départ et est **réservé aux touristes** qui voyagent au Japon avec leur passeport uniquement (statut de visiteur simple). Et la présentation du passeport est requise pour recevoir le pass contre le bon d'échange remis au moment de l'achat dans son pays (ou bien adressé à son domicile dans le cas d'un achat en ligne). Des changements sont cependant en cours dans ce domaine : il est probable que lorsque vous aurez ce livre entre vos mains, vous pourrez aussi acheter le Japan Rail Pass directement au Japon.

Bien entendu, vous pouvez également décider de rejoindre Tōkyō en Limousine bus, un taxi collectif, ou, si vous en avez les moyens, en taxi. Mais outre le fait que vous mettrez plus de temps et que vous devrez endurer des conditions de circulation parfois difficiles, vous vous priverez d'un premier contact avec une réalité si présente dans la vie des Japonais : le train. Le rendez-vous ne sera cependant que reporté à une brève échéance. Alors, pourquoi ne pas tenter tout de suite l'expérience ?

Se prendre en photo devant la statue Gundam

Autant en finir avec ça tout de suite : né dans la seconde moitié des années 1970 ou la première moitié des années 1980, vous avez grandi en regardant les dessins animés japonais. L'une des premières choses que vous souhaiterez faire en arrivant au Japon sera de replonger dans vos souvenirs d'enfance : les après-midi passés devant *Goldorak* à la télévision pendant que maman préparait le goûter et se demandait, pensive, si ces productions étrangères n'étaient pas préjudiciables à votre croissance et si le *Manège enchanté* ne valait pas mieux.

L'un des premiers endroits où vous rendre se trouve donc à Odaiba, l'île artificielle de Tōkyō, pour admirer la statue géante Gundam.

Il s'agit, pour les rares qui l'ignoreraient, de l'un des principaux robots de cette galaxie d'animes et de produits dérivés japonais collectivement dénommée *mecha* (prononcer *meka*). Tout le monde connaît le précité Goldorak (sauf les Japonais, qui l'appellent Grendizer, le robot OVNI dont le succès à sa sortie ne fut pas aussi foudroyant qu'en France). Les vrais fans se souviendront néanmoins aussi de Gundam.

Gundam voit le jour en 1979, créé par le génial Tomino Yoshiyuki (né en 1941) et son équipe portant le pseudonyme de Yatate Hajime.

Tomino avait été l'un des principaux collaborateurs du grand Tezuka Osamu (1928-1989) pour une série manga parmi les plus caractéristiques de l'histoire de la bande dessinée et de

l'animation japonaise du XXᵉ siècle : *Tetsuwan Atomu*, soit *Astro, le petit robot* dans le reste du monde.
Formidable innovateur, Tomino fut ensuite l'un des piliers du célèbre studio d'animation japonaise Sunrise, qui fait aujourd'hui partie du conglomérat de production Bandai Namco. C'est à lui que l'on doit le passage des gigantesques super robots comme Goldorak, ou les Mazinger d'un autre génie, Gō Nagai (né en 1945), aux robots réalistes dont *Mobile Suit Gundam* constitue la première illustration.
Quelle différence y a-t-il entre les deux genres ? Dans le premier, le robot est le véritable pivot de l'histoire, un être titanesque qui combat l'ennemi. Dans le second, en revanche, l'homme est au centre du récit et le robot lui sert d'arme. S'ajoute en arrière-plan une réflexion profonde sur les raisons pour lesquelles l'être humain continue de tuer et de faire la guerre. Le nom même du robot renvoie à ce questionnement : Gunboy initialement choisi devint ensuite Gundom, un mot-valise associant *gun* (arme à feu, en anglais) et *freedom* (liberté, en anglais). Mais pour des raisons esthétiques sur les katakanas, Tomino préféra opter pour Gundam, avec le terme « dam » (*damu*, en langue nippone). L'arme qui stoppe l'ennemi comme une « digue » (*dam*, en anglais) parut à l'auteur donner une idée assez fidèle de l'esprit de ce *mecha*.
L'un des atouts de Gundam – dont le succès ne fut cependant pas immédiat – résida sans nul doute dans le design extrêmement novateur d'Okawara Kunio (né en 1947) : un robot aux allures de samouraï, commandé par un pilote prenant place dans son torse.
À l'origine de nombreuses déclinaisons suscitant un accueil bien plus enthousiaste, comme *Zeta Gundam*, la série inspira mangas, longs métrages, romans, jeux et une multitude de figurines en plastique, pour le plus grand bonheur de tous les collectionneurs.
Les Japonais adorent les robots, ce n'est un secret pour personne. La tradition des poupées mécaniques jalonne toute l'histoire nippone. Selon certains, l'engouement à leur égard serait lié au *shintō*, la religion nippone ancestrale qui attribue un esprit non seulement aux hommes et aux êtres animés, mais aussi à l'inanimé.

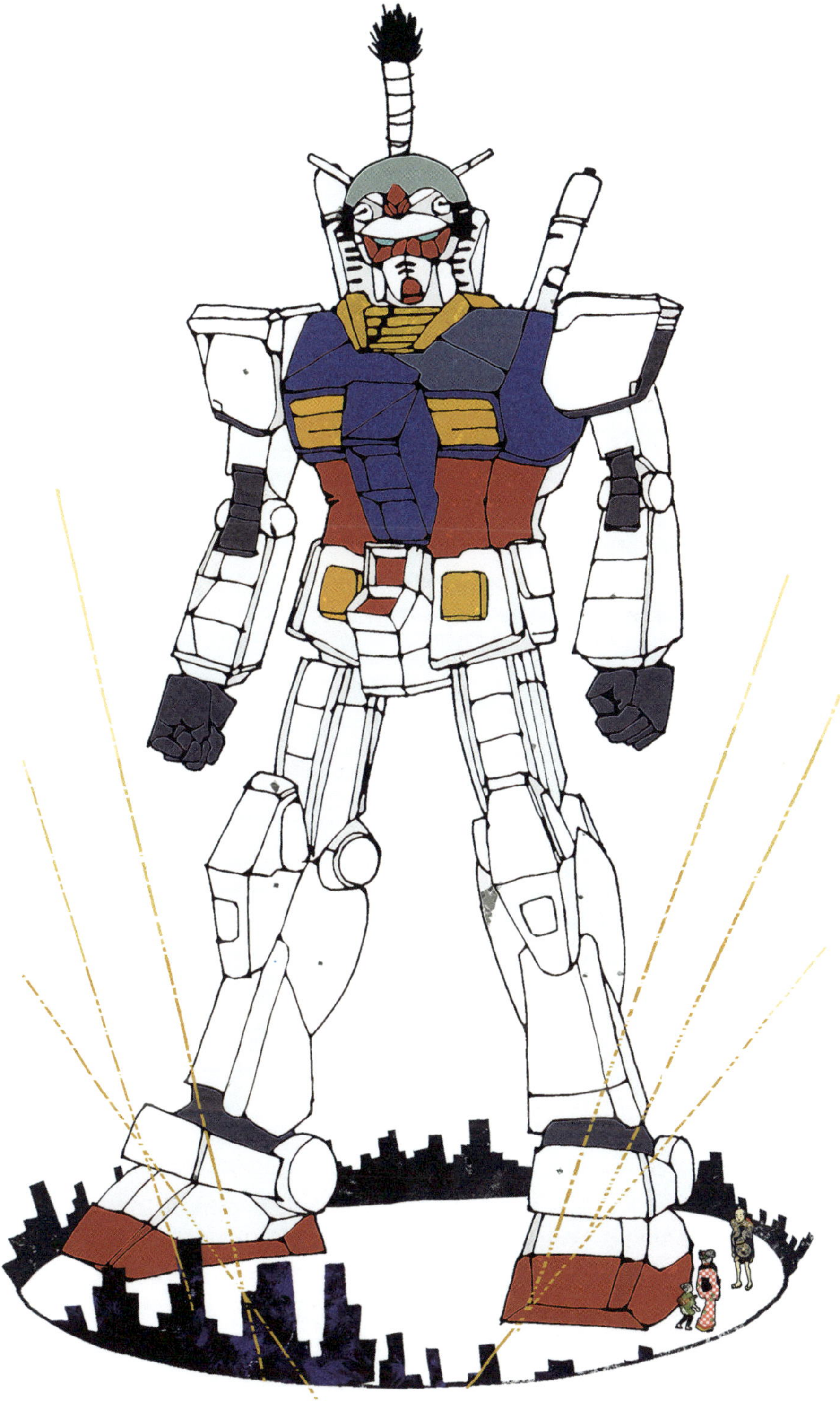

D'autres établissent une relation directe avec la tradition du théâtre de marionnettes, ou Bunraku (文楽), dont les pièces sont jouées avec des poupées de bois extrêmement réalistes, fabriquées par des artistes qui accordent le plus grand soin à la réalisation des mécanismes et des articulations pour que les mouvements sur la scène imitent au mieux ceux des humains. Répandus quoi qu'il en soit au Japon dès le XVIIe siècle, les automates avaient pour but de faire sensation dans les demeures de riches excentriques ou lors de représentations théâtrales.
Il s'agit des célèbres *karakuri ningyō* (からくり人形), dont le créateur le plus remarquable fut Tanaka Hisashige (1799-1881). Savant de culture occidentale – ou plus exactement hollandaise, puisqu'à l'époque d'Edo ce royaume européen était le seul autorisé à commercer avec le pays du Soleil-Levant – et ingénieur, il expérimenta l'hydraulique au Japon, qui lui doit également sa première locomotive à vapeur, et fonda une société qui sera ensuite connue dans le monde entier sous le nom de Toshiba.
Les *karakuri ningyō* étaient en mesure d'accomplir des tâches apparemment simples mais qui, pour un automate de l'époque, requéraient une conception très élaborée : verser le thé, s'incliner devant le client, voire décocher une flèche.
L'ancêtre le plus direct des *mecha* semble être le Gakutensoku, un gigantesque automate fabriqué en 1929 par le biologiste marin Nishimura Makoto (1883-1956) qui pouvait arborer des expressions faciales et même écrire quelques mots. Il était animé grâce à un mécanisme de pression d'air. Ce robot disparut lors d'une tournée dans l'Allemagne nazie des années 1930, et une réplique est aujourd'hui conservée au musée des Sciences d'Ōsaka.

La défaite à l'issue du second conflit mondial et l'après-guerre constituent d'autres fondements du courant *mecha*.
L'holocauste nucléaire d'Hiroshima et Nagasaki engendra chez les Japonais un sentiment de fragilité psychologique dont témoigne le grand succès remporté par les films du monstre Godzilla. Quoi de mieux, dès lors, qu'un gigantesque et invincible samouraï mécanique pour repousser un ennemi invisible au pouvoir transcendant le potentiel humain ?

N'oublions pas, cependant, que la science-fiction a pour objectif de faire réfléchir, d'imaginer des univers, mais également de poser un regard critique sur le monde dans lequel nous vivons. Il suffit de penser à l'intrigue d'*Astro, le petit robot* de Tezuka Osamu : un scientifique perd son fils et crée donc un robot humanoïde, pour découvrir ensuite qu'aussi sophistiqué soit-il, un robot ne saurait remplacer un être humain. Il rejette par conséquent sa créature, qui se révélera plus tard un superhéros.

Gundam est une machine visant à rétablir la justice, mais aussi à rapporter de l'argent. L'entreprise Bandai a déclaré en 2018 que depuis l'année de sa création, ce robot avait généré vingt milliards de dollars de revenus.
Lui élever une statue s'imposait par conséquent. C'est ainsi qu'en 2009, une maquette grandeur nature du robot mesurant dix-huit mètres de haut fut dressée sur l'île artificielle d'Odaiba dans le cadre du Green Tokyo Gundam Project. Elle émettait des lumières, bougeait la tête et entrait en action deux fois par jour. Cette statue - représentant le modèle classique RX-78-2, pour les connaisseurs – a néanmoins été démantelée en 2017 pour laisser place à un modèle ultérieur, le Gundam Licorne, plus imposant avec ses 19,70 mètres de haut, qui change de forme plusieurs fois par jour pour passer en mode Destroy.

3

S'embrasser la nuit à Odaiba, devant le Rainbow Bridge

Gundam n'est pas la seule statue à Odaiba devant laquelle se prendre en photo. Oubliez maintenant le futur et, sans quitter l'île, faites un petit saut à New York. Sans plaisanter : dans le parc Daiba, vous pourrez admirer la statue de la Liberté avec, en arrière-plan, un grand pont suspendu qui vous donnera un instant l'impression de vous trouver dans la Grosse Pomme.

Un instant seulement, bien entendu. La statue de la Liberté construite par Bartholdi et Gustave Eiffel en 1886 mesure 46 mètres de haut (presque cent en comptant le socle), alors que celle de Tōkyō dépasse à peine 12 mètres. Mais l'effet est garanti.

Hommage temporaire érigé en 1998 à l'occasion de l'Année française au Japon, la statue aurait dû disparaître un an plus tard, au terme des célébrations. Mais sa formidable popularité lui valut d'être réinstallée au même endroit.

En soi, la statue n'a pas grand intérêt et ne figure pas vraiment sur la liste des choses à voir une fois dans sa vie. Elle peut néanmoins faire office de point de repère, pour profiter au coucher du soleil de l'un des plus séduisants panoramas de Tōkyō.

Le site est fortement conseillé aux couples, notamment, car son romantisme s'avère propice aux effusions.

Comme indiqué plus haut, Odaiba est une île artificielle dans la baie de Tōkyō, connue également sous le nom de Tōkyō Te-

leport City. Sa création à des fins défensives remonte à 1853, quand le clan guerrier des Tokugawa, sorti vainqueur au début du XVIIe siècle d'une longue période de conflit, était encore au pouvoir au Japon. La domination de ces samouraïs, qui avaient assuré deux siècles et demi de paix au pays, se retrouva toutefois confrontée à la menace intérieure d'autres clans de samouraïs du Sud et, surtout, à la pression extérieure des étrangers.

En 1853, une flotte américaine guidée par le commodore Matthew Calbraith Perry (1794-1858) – les fameux « vaisseaux noirs » – aborda à Uraga, dans la baie d'Edo (ancien nom de Tōkyō), faisant comprendre au shogun (dictateur militaire du pays, à ne pas confondre avec l'empereur) que le Japon était

complètement démuni face aux capacités technologiques et militaires des étrangers.
L'officier chargé de la défense côtière d'Edo, Egawa Hidetatsu Tarōzaemon (1801-1855), décida alors de renforcer la protection du siège shogunal. Il fit donc construire sur des îlots artificiels six forteresses maritimes dotées de batteries de canons (*daiba*, 台場) qui, pensait-il, suffiraient pour repousser l'éventuelle arrivée d'une flotte étrangère.
Ce projet ne fut jamais complètement mené à bien, mais devint néanmoins le pivot de la défense de Tōkyō, et ce même après 1868, date de l'abolition du shogunat en faveur d'un gouvernement impérial.
Avec la défaite japonaise à l'issue de la Seconde Guerre mondiale, la question du devenir de ces forteresses démilitarisées se posa. Elles furent tout d'abord partiellement reliées entre elles, avant de s'inscrire dans un programme plus élaboré entre la fin des années 1980 et le début des années 1990.
Dans un Japon en pleine effervescence avec la bulle économique de l'époque, Tōkyō apparaissait aux yeux du monde comme la ville du futur. L'argent coulait à flots. Le gouverneur de la capitale nippone Suzuki Shunichi (1910-2010), conscient de l'importance de grands événements pour l'essor urbain et les affaires, lança ainsi un vaste programme de développement pour les anciennes forteresses, le Tōkyō Teleport Town, dont l'achèvement prévu pour 1996 aurait coïncidé avec l'inauguration d'une vaste manifestation consacrée aux villes, l'International Urban Exposition. Le projet Tōkyō Teleport Town devait allier infrastructures portuaires et numériques, et comporter des zones résidentielles d'au moins cent mille habitants.
La conjoncture économique contrecarra cependant les idées pharaoniques de Suzuki, qui avait entre-temps cédé la place de premier citoyen à Aoshima Yukio (1932-2006), un personnage bien plus atypique avec son passé de comique, réalisateur cinématographique, scénariste, auteur-compositeur et romancier récompensé, avant d'embrasser la carrière politique. Fort d'une immense popularité médiatique, il se fit élire gouverneur de la capitale nippone en candidat indépendant, sans le soutien d'un parti, en 1995.
Il n'a pas laissé un souvenir impérissable en tant que maire,

mais il faut avouer qu'il n'eut pas beaucoup de chance. L'« éclatement de la bulle » et la fin des vaches grasses plongèrent le Japon dans la crise économique et Tōkyō dut revoir ses ambitions de développement.

Le pauvre Aoshima comprit tout de suite que son mandat ne serait pas une partie de plaisir quand en mai 1995, un colis piégé explosa au visage d'un de ses collaborateurs. L'attentat fut imputé à la secte Aum Shinrikyō qui, en mars de la même année, avait choqué le monde entier en répandant du gaz sarin dans le métro de Tōkyō, causant douze morts et l'intoxication, avec des séquelles souvent irréversibles, de cinq mille passagers. Sa campagne électorale ayant reposé sur la promesse de sécuriser une ville bouleversée par les attaques de la secte et de réprimer les actions de cette dernière, Aoshima était devenu la cible privilégiée des disciples du gourou Asahara Shōkō (1955- 2018).

Envoyé alors que le gourou était encore en fuite, le colis explosa, comme par hasard, juste le jour de son arrestation (Asahara sera ensuite pendu en 2018).

Dans un tel climat, le développement d'Odaiba et la grande exposition sur les villes envisagés par son prédécesseur parurent *zeitaku* à Aoshima, à savoir un luxe que la capitale nippone ne pouvait plus se permettre : plus de mille milliards de yens (environ 7,7 millions d'euros au taux de change de janvier 2022) avaient déjà été dépensés, mais le site était largement sous-occupé car l'éclatement de la bulle avait également entraîné un effondrement de l'immobilier et, du même coup, la faillite substantielle de nombre des sociétés qui avaient investi dans la construction de la zone.

La malédiction d'Egawa semblait donc avoir frappé une fois de plus Odaiba : des projets d'envergure jamais menés à bien. Mais à l'instar du phénix, Odaiba renaquit à la fin des années 1990, quand tranchant avec sa fonction d'origine, elle se transforma en lieu de divertissement. Un changement de cap favorisé aussi par la décision de Fuji TV, l'un des principaux réseaux de télévision du pays, de transférer son siège sur l'île artificielle, au sein d'un édifice conçu par l'architecte star de l'époque, Tange Kenzō (1913-2005). Avec sa caractéristique plate-forme d'observation sphérique, le bâtiment conféra une vocation

nouvelle, une sorte de troisième vie à l'ancienne infrastructure défensive.
Le Big Sight, palais des congrès où le gouverneur Suzuki avait prévu d'organiser la grande exposition sur les villes, contribua lui aussi largement à la renaissance d'Odaiba. Inauguré en 1996, il devint vite un éminent centre de conférences et de salons tokyoïtes, précédant l'ouverture de beaucoup d'autres attractions, musées et lieux de loisir et de culture que vous aurez sûrement l'occasion de visiter. Odaiba fut par ailleurs choisie pour accueillir plusieurs disciplines des jeux Olympiques de Tōkyō 2020.
Reliant Odaiba à la terre ferme et dominant le panorama qui s'offrira à vous depuis la ministatue de la Liberté, le grand pont suspendu Arc-en-ciel, ou Rainbow Bridge, mesure un peu moins de 800 mètres de long. Achevée en 1993 par la société Kawasaki Heavy Industries, la structure métallique à double plate-forme comprend deux voies de circulation routière et une ligne de métro complètement automatisée (ligne Yurikamone), entre les quais de Shibaura et l'île artificielle. Les énormes tours soutenant le pont sont entièrement blanches.
La nuit, de grands phares à énergie solaire sont allumés pour parer le pont de rouge, blanc, vert et autres couleurs.
Depuis le parc, vous assisterez à un spectacle vraiment romantique et mettrez, qui sait, l'atmosphère à profit pour vous embrasser passionnément, en choquant les Japonais présents, moins habitués que nous aux effusions de ce genre.

4

Entrer dans un navire espion nord-coréen

Le 15 novembre 1977 en fin d'après-midi, début de soirée. Yokota Megumi rentrait chez elle. Il ne faisait pas froid pour la saison, malgré la mer à quelques dizaines de mètres. Après un entraînement de badminton, elle se sentait en pleine forme et avait une foule de projets dans la tête. Elle avait 13 ans et fréquentait le collège.

Mais elle n'atteignit jamais la porte de sa modeste demeure. Ses parents la cherchèrent partout et vécurent la douloureuse expérience de la disparition, inexplicable et incompréhensible, d'un enfant.

Malgré tous leurs efforts, ils ne recueillirent aucun renseignement utile. Comme si cette mer sombre qui borde le nord-ouest du Japon, la préfecture de Niigata où les faits se sont déroulés, l'avait engloutie et donnée en pâture aux poissons.

C'est seulement en 1997 – vingt ans plus tard – qu'une série d'informations croisées leva le voile sur le sort de Megumi. Lors de cette soirée fatidique, un commando nord-coréen l'a enlevée, jetée dans un sac, chargée sur un canot, puis embarquée sur un faux chalutier. Megumi s'est ainsi retrouvée en Corée du Nord avec d'autres compagnons d'infortune, japonais ou non, enlevés tantôt au hasard, tantôt de façon un peu plus ciblée, et victimes d'une guerre froide jamais terminée.

L'histoire de Megumi et des autres kidnappés est peu connue. Elle vaut pourtant la peine d'être écoutée et mérite réflexion car elle nous raconte comment l'histoire s'empare souvent des vies d'innocents, en les soumettant à des expériences exceptionnelles et indépendantes de leur volonté.

Pour comprendre cet épisode, pour saisir combien la force des événements peut être écrasante, il convient de visiter un lieu près de Tōkyō.
Il s'agit de Yokohama. Une belle ville faisant substantiellement partie de la mégalopole et caractérisée par un splendide Chinatown et le district portuaire appelé Minato Mirai. Ce dernier comprend un site dénommé Red Brick Park, où se dresse un vilain hangar dépouillé abritant le musée des Garde-côtes.
Une fois à l'intérieur, il n'est pas rare d'être accueilli par un bénévole, généralement une personne âgée toute disposée à vous entraîner dans une visite commentée. La pièce maîtresse des lieux est un navire espion nord-coréen, pareil à ceux utilisés pour les enlèvements. Peut-être même, qui sait, celui qui emporta Megumi loin des siens.
La Corée du Nord correspond à la moitié septentrionale de la péninsule coréenne. Créée après le départ des Japonais qui colonisèrent la Corée entre 1910 et 1945, cette république démocratique populaire est l'alliée de la Russie et de la Chine. Fondée par Kim Il-sung (1912-1994), elle survécut à la dévastatrice guerre de 1950-1953, à la chute du communisme et à la fin de l'Union soviétique, et est aujourd'hui gouvernée par le petit-fils de Kim Il-sung, Kim Jong-un. Dans ce régime à parti unique, fortement pyramidal, tout le pouvoir revient au leader qui l'exerce au travers de structures de contrôle extrêmement coercitives, à commencer par un système d'espionnage et de sécurité fondamental.
Cet État, que beaucoup qualifient de dystopique, apparaît souvent ces dernières années dans les faits divers internationaux car il a réussi à se doter d'armes nucléaires et de missiles intercontinentaux. Son inimitié avec le Japon est de notoriété publique et Kim ne manque pas une occasion de menacer l'archipel, tout comme les États-Unis, en paroles comme en actes. En faisant par exemple survoler de temps en temps le pays du Soleil-Levant par ses missiles.
Les navires espions comptent parmi les moyens employés depuis des décennies par la Corée du Nord pour mettre le Japon sous pression.
Celui conservé à Yokohama a sa propre histoire.
À la fin de l'année 2001, l'attention du monde était focalisée

sur ce qui s'était produit le 11 septembre à New York : l'attentat des tours jumelles.
Le 21 décembre en mer de Chine orientale, au large de l'île d'Amami Ōshima, une station d'écoute des services de renseignements nippons releva la présence d'un étrange chalutier chinois. Un sombre navire en tout point semblable à un bateau de pêche. Hormis un détail : des antennes manifestement disproportionnées.
Ce n'était pas la première fois que les Forces d'autodéfense japonaises repéraient un navire de ce genre. Elles avaient déjà accusé par le passé Pyongyang d'envoyer des navires espions, sans recourir à l'affrontement armé. Mais vu le contexte, avec la question des enlèvements éclatant au grand jour, la violation de la souveraineté devenait un sujet particulièrement sensible. Quatre navires de la Garde côtière furent donc dépêchés pour inspecter l'embarcation suspecte. Le chalutier encerclé reçut l'ordre de mettre en panne. Cependant, le mystérieux équipage n'obtempéra pas et les bâtiments nippons tirèrent vingt-cinq coups de semonce. Ce fut le début de l'enfer. Le navire espion ouvrit le feu avec des armes automatiques et des lance-roquettes. Une véritable bataille navale fit rage durant six heures. Pour finir, les marins nord-coréens estimant avoir perdu le combat firent exploser un engin non identifié à bord du navire, qui sombra peu après avec tout son équipage. L'autosabordage ne fait pas beaucoup de doutes : pour éviter d'être capturés par les Japonais, les quinze membres du camp nord-coréen préférèrent se donner la mort.
Guère plus d'un an après la bataille, les Japonais décidèrent de renflouer l'embarcation. À la fois pour prouver qu'il s'agissait bien d'un navire espion nord-coréen, ce que Pyongyang continuait de nier, et dans le but de l'étudier.
Ils l'exposèrent ensuite au musée des Garde-côtes, où vous pourrez vous aussi l'observer.
La rouille n'a pas entièrement dévoré le bâtiment. Vous remarquerez les trous laissés par les projectiles japonais, ainsi que l'ingénieuse double coque dont la poupe, une fois ouverte, laissait l'eau envahir la cale pour permettre à une embarcation légère en fibre de verre de flotter. Propulsée par deux puissants moteurs de fabrication suédoise, cette dernière était un véritable

bolide servant aux infiltrations à terre, pendant que le bateau mère restait au large, à distance de sécurité.

Le soir du 15 novembre 1977, voici donc comment les événements se déroulèrent : sortie de l'école, Megumi eut l'incroyable malchance de tomber sur un commando nord-coréen. Après avoir immobilisé et probablement jeté la jeune fille dans un sac – comme ils le feront à l'occasion d'autres enlèvements ultérieurs – les hommes la traînèrent sur quelques centaines de mètres jusqu'à la mer, où les attendait un canot ou une embarcation comparable à celle exposée à Yokohama.

Une fois à bord du navire espion, ils la libérèrent pour l'enfermer aussitôt dans une petite pièce à fond de cale réservée aux victimes de leurs kidnappings. Un espace plongé dans l'obscurité. Il y a fort à parier que la jeune fille avait aussi été droguée. Le navire espion était en mesure de naviguer à environ 60 km/h, soit bien plus vite que n'importe quel chalutier.

Pour regagner sa base nord-coréenne de départ, il lui fallut sans doute quatre jours et quatre nuits. Mais pour la pauvre Megumi enfermée dans le noir, impossible de savoir combien de temps s'était écoulé depuis son enlèvement. Elle hurla, pleura. Il semble même que lorsqu'elle fut extraite de la cale, elle était couverte de sang et n'avait plus d'ongles : elle les avait tous cassés pendant le voyage en essayant de sortir. Ces détails sont issus des récits de transfuges nord-coréens.

Que devint Megumi ?

On l'ignore encore. Selon la Corée du Nord qui, en 2001, dut admettre les enlèvements, elle se serait suicidée entre 1993 et 1994 (différentes dates furent avancées), alors qu'elle se trouvait en hôpital psychiatrique. Mariée, elle avait eu une enfant (qui aura à son tour une fille, de sorte que Megumi serait aujourd'hui grand-mère).

Mais indépendamment des affirmations peu crédibles des Nord-Coréens, aucune preuve décisive de la mort de la collégienne n'a en réalité été fournie. Comme d'autres kidnappés et disparus sur le sort desquels Pyongyang a jusqu'à présent refusé d'apporter le moindre éclaircissement, elle pourrait être vivante, toujours prisonnière, perdue à un moment indéfini de l'histoire, plus de trente ans après la fin de la guerre froide.

5

Manger le meilleur sushi du monde

Soyons clairs : indiquer où savourer le meilleur sushi du Japon (et donc du monde) revient en quelque sorte à affirmer que le meilleur jambon-beurre se déguste dans telle ou telle brasserie de Paris. Cette mission impossible fera toujours l'objet de critiques et d'avis contradictoires. Une certitude, cependant : au Japon, vous aurez l'occasion de manger le meilleur sashimi ou sushi de la planète et ce, à votre plus grande surprise, sans vous ruiner.
L'auteur de ces lignes a ses préférences, qu'il vous dévoilera à la fin, mais rien ne dit que vous ne réussirez pas à trouver mieux ou bien quelque chose qui ravira davantage votre palais.
Pour apprécier véritablement un sushi, il faut néanmoins commencer par savoir de quoi il s'agit. Certes, ce plat ne vous est pas complètement inconnu : de fines tranches de poisson découpées au couteau et déposées sur des boulettes de riz. Jusque-là, tout le monde est d'accord. Mais d'où vient et en quoi consiste ce mets qui a rendu le Japon célèbre aux quatre coins du globe ?

Partons d'un point qui semble désormais acquis : le sushi n'a pas vu le jour en terre nippone. Comme les spaghettis ne sont pas d'origine italienne. La cuisine, rappelons-le haut et fort, est toujours le fruit de mélanges, de rencontres, d'échanges culturels. Vers le VIIe siècle, les populations vivant dans les collines du Sud-Est asiatique, dans cette région qui fait aujourd'hui partie de la province chinoise du Yunnan, avaient élaboré un ingénieux procédé pour empêcher que le fruit de leur pêche, source primordiale de protéines, ne pourrisse durant la saison des pluies. Le poisson était nettoyé et intercalé entre du riz et du sel, puis pressé sous une pierre pendant plusieurs semaines de façon que le riz produise de l'acide lactique à l'origine d'un processus de fermentation. Le résultat de l'opération était ensuite placé dans des récipients et constituait, entendons-nous bien, un produit de luxe car tout le monde ne pouvait pas se permettre d'affecter le précieux riz et le tout aussi précieux sel à la simple conservation du poisson.

Cette préparation - que les Japonais désignent sous le terme de *narezushi* (馴れ寿司) - gagna vraisemblablement le sud et les populations austronésiennes qui finirent par composer le complexe ADN des Japonais modernes sur l'archipel nippon. Ou bien peut-être remonta-t-elle vers le nord, atteignant le Japon par la Corée. Les théories diffèrent en la matière.

Le fait est que la première référence au sushi en terre nippone se relève au VIIe siècle dans le système de codes constituant le corpus de « lois pénales et administratives » (*ritsuryō*) caractérisant la période Nara (710-794) de l'histoire japonaise. En substance, le sushi est cité car il donnait lieu au prélèvement d'impôts.

Entendons-nous bien : ce *narezushi* - également appelé *kusarezushi* (腐れ寿司), à savoir « sushi fermenté » - avait une saveur intense, assez éloignée de ce à quoi nous ont habitués les restaurants de sushis qui ont fleuri çà et là dans nos villes. Il était consommé jusqu'à environ un an après le début de la conservation, et selon toute vraisemblance sans le riz.

C'est à la période Muromachi (1336-1573) que le sushi se rapprocha le plus de ce que nous connaissons aujourd'hui. Le temps de la culture de cour raffinée était désormais révolu, de rudes guerriers gouvernaient et les nobles traversaient des moments difficiles.

Un nouveau mode de réalisation du sushi se répandit vers la fin de cette époque. Le poisson se mangeait après avoir été préalablement débarrassé du riz et du sel au bout d'une dizaine de jours. Cette version est connue sous le nom de *namanarezushi* (生馴れ寿司), ou « sushi cru ».

Sous l'ère Azuchi-Momoyama (1573-1603), caractérisée par des guerres incessantes, un médecin appelé Matsumoto Yoshiichi eut l'idée d'ajouter du vinaigre au riz et accéléra ainsi la fermentation. Il faudra attendre la fin de la période Edo (1603-1868) pour commencer à voir quelque chose qui ressemble au sushi actuel : le *hayazushi* (早寿司) ou « sushi rapide », voire « sushi express », sans processus de fermentation, avec du vinaigre à la place de l'acide lactique et du poisson frais posé sur le riz.

L'invention du *nigirizushi* (握り寿司), le sushi tel que nous nous le représentons à la simple évocation de ce nom, est généralement attribuée à Hanaya Yohei (1799-1858), un chef cuisinier d'Edo dans les années 1820.
Hanaya cuisait légèrement le poisson ou bien le marinait avec du vinaigre de riz. Et contrairement aux autres restaurateurs, il s'était spécialisé dans la préparation de sushis. Après lui, des *yatai* (屋台) apparurent çà et là, mais les conditions hygiénico-sanitaires parfois douteuses dans lesquelles ces échoppes ambulantes vendaient des sushis obligèrent le gouvernement à intervenir pour réserver ce produit aux restaurants, mieux contrôlés.
La défaite lors de la Seconde Guerre mondiale, l'arrivée des Américains, l'occidentalisation et le progrès technologique per-

mirent d'améliorer la situation sanitaire des villes japonaises et les systèmes de réfrigération se répandirent. Les restaurants de sushi purent ainsi se multiplier sans que le poisson cru n'expose à des risques majeurs.

Cet aliment n'était cependant pas vraiment à la portée de toutes les bourses et c'est une invention qui le rendit populaire. Ōsaka, 1958. Dans la brasserie Asahi, Shiraishi Yoshiaki (1914-2001) regarde avec fascination les bouteilles de verre qui défilent devant lui sur un convoyeur. Loin d'être fou, ce chef sushi et restaurateur a alors une idée révolutionnaire à même de résoudre le problème du temps de service.
De retour dans son restaurant, il conçoit un tapis roulant sur lequel poser des assiettes de sushis. Il commence par placer tous les clients face au tapis, avant de réaliser qu'il vaudrait mieux les répartir par tables de six, plus propices à la convivialité.
Les assiettes doivent être transportées à la bonne vitesse, soit 8 centimètres par seconde, de façon que les clients puissent se servir aisément, sans les renverser.
Le *kaitenzushi* (回転寿司) qui voit ainsi le jour connaîtra un boom impressionnant en l'espace de dix ans. Dans l'effervescence des années 1980, ce type de restaurant se répand un peu partout et affiche des prix modérés, de sorte que l'éclatement de la bulle économique et la crise n'empêcheront pas le sushi de poursuivre sa formidable ascension.
L'internationalisation du sushi combine dès lors la forme originelle avec de nouvelles recettes en provenance d'Amérique (les *California rolls*), et dans les années 2000, le sushi devient un produit global.

Revenons maintenant à notre question initiale : où déguster le meilleur sushi ? Tout dépend de ce que vous voulez. Dépenser beaucoup d'argent et vivre une expérience culinaire unique ? Tournez-vous vers les grands noms, à commencer par le célèbre Jirō de Tōkyō. Ou bien essayer le *kaitenzushi* à 100 yens (moins de 1 euro) le plat ? Proposé en différents endroits du Japon, ce mode de restauration est rarement décevant.
Mieux vaut sans doute se concentrer sur la zone géographique et de ce point de vue, l'auteur de ces lignes vous conseillera

la ville d'Otaru, à Hokkaidō, la plus septentrionale des quatre grandes îles de l'archipel nippon.
Cité portuaire d'environ 150 000 habitants au nord-ouest de Sapporo, Otaru est une localité touristique pour les Japonais (et les Russes). Déclaré port d'attache pour les navires état-suniens et britanniques par le gouvernement nippon en 1989, le site acquit une dimension internationale et s'avère constellé d'élégants édifices, auxquels s'ajoute une excellente bière homonyme toujours produite à l'heure actuelle.
La richesse halieutique du littoral a forgé la réputation de la ville, que les Japonais apprécient aussi et surtout pour la fraîcheur de ses sushis. Celui à la crevette rose est à tester absolument ! Les restaurants sont nombreux et, pour certains, très prisés. Aucun risque de se tromper dans l'Otaru sushiya dōri, la rue des restaurants de sushi d'Otaru où une trentaine d'établissements, petits et grands, s'égrènent sur environ deux cents mètres. Ou bien encore au marché de Sankaku, qui abrite également plusieurs points de restauration.

6

Manger les aliments les plus répugnants (à voir) du Japon

Vous avez donc vu la statue Gundam, admiré le panorama de Tōkyō et consommé le plus exquis des sushis. L'heure est maintenant venue d'abandonner les stéréotypes et de s'immerger dans l'autre Japon.
Vous avez le choix entre une stratégie progressive et un traitement de choc. Je serais d'avis d'opter pour la seconde solution, pour ne pas perdre trop de temps.
Oubliez l'esthétique colorée du sushi et lancez-vous à la découverte de certains des aliments apparemment les plus répugnants de la gastronomie nippone. En partant néanmoins d'un principe : ce qui nous plaît n'est pas forcément du goût d'autrui. Prenez le délicieux lapin chasseur, que beaucoup de Français apprécient. Et bien pour bon nombre de Japonais, l'idée de manger ce qu'ils considèrent comme un animal de compagnie, à l'instar du chien et du chat, est tout simplement révoltante.
Ceci dit, tenez bon et entamez ce voyage gastronomique dans l'horreur.

1. Commençons par le plat le plus inoffensif : le *nattō* (納豆), des haricots de soja fermentés dont l'odeur pestilentielle mettrait des armées entières en déroute.
Soyons clairs : le *nattō* est un sujet clivant. Les uns l'adorent, les autres le fuient comme la peste. L'apprécier n'est pas une preuve de déviance. Il plaît autant qu'il déplaît. Et cela ne vaut

pas uniquement pour les étrangers, car même les Japonais, d'ordinaire assez unis, sont profondément partagés quant à la consommation de cette bouillie. Prisé dans le nord-est du Japon pour ses effets bienfaisants présumés en matière de santé, ce mets a en revanche de plus rares amateurs dans le sud-ouest du pays.

Arrêtons-nous un instant sur ce plat.

Son origine fait l'objet de trois théories différentes. La plus réaliste veut qu'il ait été importé, comme souvent, de Chine où le *chi* à base de haricots de soja jaunes ou noirs fermentés et vieillis était préparé depuis l'Antiquité. La deuxième renvoie au prince Shōtoku Taishi (574-622), l'un des héros culturels du passé japonais qui se voit généralement attribuer la création de nombreux éléments clés de la culture nippone. Selon la troisième, le *nattō* serait le fruit du hasard : à la fin du XIe siècle, des guerriers auraient été attaqués alors qu'ils cuisinaient des haricots de soja. Ayant emballé leur préparation, ils se mirent à livrer bataille, oubliant les pauvres haricots. Quelques jours plus tard, ils furent frappés par la puanteur que dégageait le paquet une fois ouvert, mais poussés par la faim, ils n'en goûtèrent pas moins son contenu qui, bien que nauséabond, leur parut néanmoins délicieux.

Les Japonais aiment accompagner certains plats de *nattō*, y compris l'*okonomiyaki* (お好み焼き) au départ très appétissante. Ils le consomment souvent au petit-déjeuner. Dans le cas où votre fiancé(e) japonais(e) aurait cette habitude douteuse, refuser de l'embrasser pendant plusieurs heures ne saurait être un motif de rupture, mais simplement une raison de force majeure.

2. Imaginons que vous entriez dans une *izakaya* (居酒屋, équivalent du bistrot) traditionnelle, de celles qui ont un menu exclusivement en japonais, et que vous commandiez un peu au hasard : vous aurez peut-être la chance de voir arriver un bol avec ce qui ressemble à de la cervelle d'agneau blanchâtre. Goûtez sans vous poser trop de questions sur ce dont il s'agit et vous découvrirez une exquise saveur marine.

Après quoi, essayez d'avoir une explication et si vous trouvez quelqu'un parlant une langue que vous comprenez, vous

apprendrez que vous avez mangé du sperme de poisson, ou laitance de morue, saumon, baudroie ou calmar.
(Les amateurs de poutargue, la laitance de mulet salée et séchée d'origine méditerranéenne, ne devraient pas être trop surpris par ce mets).

3. Pour goûter aux inago no *tsukudani* (イナゴの佃煮), il faudra en revanche vous rendre dans un restaurant des préfectures de Nagano ou de Gifu. Il s'agit désormais d'une denrée rare, souvent servie en accompagnement de la bière. Entendons-nous bien : nous parlons de beaux criquets dodus, bouillis dans un mélange de sauce soja et de sucre, puis frits pour les rendre croustillants. Au Japon comme partout ailleurs, les criquets étaient de dangereux ennemis des récoltes qui, en infestant les champs, devenaient alors eux-mêmes de précieuses sources de protéines pour les paysans.

4. Une fois à Nagano ou à Gifu pour tester les criquets, ne manquez pas un autre délice local : les larves de guêpes ou d'abeilles, *hachi no ko* (蜂の子), à déguster avec le riz ou en snack pour accompagner la bière. Vous pouvez aussi les acheter en conserve.

5. Restons dans le domaine des larves comestibles avec les *zazamushi* (ザザ虫), les larves d'un plécoptère qui vivent dans l'eau avant de devenir adultes et de prendre littéralement leur envol.

6. Si un plus banal sashimi continue d'avoir votre préférence, alors pourquoi ne pas goûter le *basashi* (馬刺し) qui, aussi rouge que le sashimi de thon, est en réalité un sashimi de cheval.
La viande se mange bien évidemment crue et est généralement proposée dans les *izakaya* ou les *yakiniku* (焼肉, restaurant de grillades). Il n'est pas rare que le *basashi* soit confectionné avec le gras prélevé à la base du cou du cheval.

7. Pour en revenir à la mer, vous aurez compris que les Japonais adorent le poisson et consomment presque tout ce qui se trouve dans l'eau. Pourquoi donc jeter les arêtes, par exemple ? Les *izakaya* proposent souvent d'accompagner le saké ou la bière de *hone-senbei* (骨煎餅, « crackers d'arêtes de poisson »), des arêtes de divers poissons frites jusqu'à devenir très croquantes. Celles d'anguille sont parmi les plus prisées.

8. Et tant vous y êtes, n'hésitez pas à essayer les yeux de poisson ! Certaines *izakaya* se sont spécialisées dans la préparation des globes oculaires du thon, presque aussi gros qu'un poing et particulièrement appréciés comme snack en accompagnement d'un bon verre de bière ou de saké.

9. Terminons cette promenade au pays des horreurs par un plat dont les ingrédients, pris indépendamment, n'ont pas vraiment de quoi dégoûter, mais qui une fois réunis suscitent un vif mouvement de répulsion. Surtout chez un Italien !
Prenez des œufs de colin d'Alaska mariné, des feuilles de *shiso* (紫蘇, basilic chinois ou japonais), du citron, du lait, du beurre, de la sauce soja, des spaghettis et des algues *nori*. Attention, pas de *soba* ni de nouilles à *rāmen*, mais de vrais spaghettis. Avec tout cela, vous obtiendrez ce qui a longtemps été considéré comme le plat par excellence de la cuisine italienne au Japon (la pizza étant en effet d'origine américaine pour la plupart des Japonais jusque dans les années 1990).

Et bien si vous faites abstraction de ce qui précède et partez du principe qu'il s'agit d'un délice culinaire japonais, vous apprécierez peut-être l'expérience. D'autant que ce mets a une histoire. Son créateur, Narimatsu Takayasu, fonda en 1953 à Tōkyō, dans le quartier de Shibuya, un restaurant de pâtes : *Kabe no Ana* (*Trou dans le mur*).
Engagé par Paul Bloom (1898-1981), un haut responsable de la CIA, pour lui préparer à manger, Narimatsu découvrit grâce à ce dernier le fascinant univers des spaghettis et ouvrit donc un établissement proposant la recette classique de ces pâtes avec ou sans boulettes, principalement aux soldats américains et italo-américains stationnés dans la capitale nippone. Avec le temps et au fil de ses expérimentations, Narimatsu finit par élaborer ce plat qu'il baptisa *tarako-spaghetti* (たらこスパゲッティ).

D'autres variantes nippones de la cuisine italienne pourraient du reste vous surprendre. Que dire, par exemple, des *Napolitan Spaghetti* qui n'ont franchement rien à voir avec Naples ? La recette aurait été inventée à l'Hôtel New Grand de Yokohama pour impressionner le généralissime Douglas MacArthur (1880-1964), l'homme qui avait vaincu le Japon et qui le dirigeait. Le chef la réalisa avec les moyens du bord : ketchup, ail, lard fumé et champignons en conserve.
Même les spaghettis à la bolognaise n'échappèrent pas à la japonisation. Avec le premier vrai boom de la cuisine italienne dans les années 1980, ce délicieux plat originaire d'Émilie-Romagne fut revisité en accompagnant les pâtes de sauce *ankake* (あんかけ), du bouillon de poisson *dashi* épaissi avec de la fécule de pomme de terre.

Bon appétit !

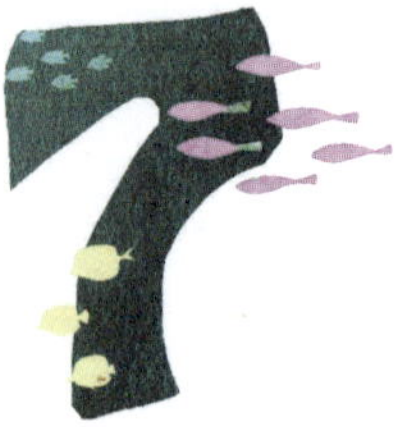

Voir les baleines évoluer en liberté

Les Japonais entretiennent un rapport ambivalent avec les baleines. Comme vous le savez, les habitants du pays du Soleil-Levant mangent de la viande de baleine, mais nous reviendrons plus tard sur ce point. D'un autre côté, ils adorent les observer et certaines localités nippones sont réputées justement parce qu'elles permettent de voir ces mammifères évoluer en liberté.

Partons d'une donnée géographique : nul n'ignore que le Japon est un archipel. Peu de gens savent en revanche qu'il se compose d'au moins 6 852 îles, dont les quatre plus grandes sont Honshū, Kyūshū, Hokkaidō, Shikoku. Sans oublier Okinawa, la principale des îles Ryūkyū. Les autres sont des îlots de taille diverse qui se trouvent parfois à plusieurs heures de vol des quatre plus grandes.

Les Japonais ont donc un lien vital avec la mer, et ce depuis toujours, comme en témoigne la cuisine japonaise dominée par les produits de la pêche. L'eau participe par ailleurs bien plus de l'identité nippone que de l'identité chinoise. Ce n'est pas un hasard si les textes traditionnels de l'Empire du Milieu fourmillent de références aux *wokou* (倭寇), les « pirates nains » japonais. Précisons néanmoins que les pirates mentionnés par les sources chinoises antiques n'étaient absolument pas tous

japonais et provenaient au contraire vraisemblablement pour la plupart de Chine et de Corée. Mais il est bien connu qu'une fois établie, une réputation a la vie dure.

Le business du *whale watching* est en plein essor au Japon et suscite les investissements de plusieurs régions du sud au nord, à commencer par celle d'Okinawa, et plus particulièrement de l'archipel Kerama. Il s'agit de 36 îlots situés à une quarantaine de kilomètres à l'ouest d'Okinawa, dont les plus grands sont Zamami et Tokashiki, desservis par avion depuis Okinawa ou bien par ferry et qui offrent l'été des plages paradisiaques.

Ces îles ont été le théâtre d'un cas de dévotion animale moins connu que celui de Hachiko, à l'origine de livres, de films et d'infinis selfies à Shibuya, mais probablement plus émouvant. En 1986, Monsieur et Madame Nakamura ayant quitté Zamami pour s'installer sur l'île d'Aka se rendirent compte que Shirō, leur chien fidèle, disparaissait à l'aube pour réapparaître le soir, tout mouillé. Un matin, intrigué, Monsieur Nakamura décida de suivre son compagnon à quatre pattes qui, une fois parvenu sur la plage, se jeta à l'eau et commença à nager.

Monsieur Nakamura prit alors son bateau pour ne pas le perdre de vue. Shirō continuait de nager. Trois heures plus tard, il toucha terre sur l'île de Zamami et, tout content, trottina vers une

maison devant laquelle se trouvait Marilyn, non pas l'actrice, mais une belle petite chienne : sa fiancée.
L'histoire se répandit vite et devint du domaine public. Le matin, les locaux allaient souvent assister à la traversée de Shirō. Un film inoubliable fut même tourné en 1988, *Marilyn ni aitai* (*Pour revoir Marilyn*), avec sur l'affiche le slogan de lancement : « Un amour infini ». À leur mort en 1987, tout d'abord Marilyn, puis Shirō, une statue en bronze de chacun d'entre eux fut dressée sur les plages respectivement d'arrivée et de départ du périple quotidien.

Revenons-en maintenant aux baleines. Avec ses eaux cristallines, Kerama est un endroit particulier pour les mégaptères qui viennent s'y reproduire au terme d'un long voyage depuis l'Arctique. Presque tous ceux qui s'y rendent entre la seconde moitié de décembre et le début du mois d'avril le font dans l'intention d'observer ces gigantesques mammifères, et les très rares malchanceux qui n'ont pas l'occasion d'en croiser se voient même rembourser leur billet.
Toujours dans la région d'Okinawa, profitez-en pour nager au milieu des baleines. Ce genre d'excursion est proposé notamment à Amami Ōshima, la plus grande des îles Satsunan, entre Kyūshū et Okinawa. Une expérience à partager en petit groupe, bien entendu.
D'avril à octobre, en revanche, des cétacés poussés par la curiosité s'approchent parfois des bateaux au large de Kuroshio, sur l'île de Shikoku. Il s'agit des rorquals de Bryde. Malheureusement ces superbes animaux mesurant presque 15 mètres de long commencent à se raréfier.
Si vous ne souhaitez pas trop vous éloigner de Tōkyō, Chōshi vous attend alors dans la préfecture de Chiba, à environ deux heures en bus ou en train de la capitale, pour observer les cachalots, mais aussi de beaux phoques.
Une autre solution consiste à gagner l'archipel Ogasawara (anciennement Bonin) composé d'une trentaine d'îles dont deux, seulement, sont habitées (Chichijima et Hahajima). Surnommées « les Galápagos de l'Orient », elles se situent à un millier de kilomètres de Tōkyō. Il est depuis longtemps question de construire un aéroport sur Chichijima, mais aucun projet

n'a abouti jusqu'à présent. Sachez donc que pour rallier cette destination, il vous faudra naviguer en ferry pendant environ vingt-quatre heures. Cela en vaut la peine, car vous trouverez à votre arrivée un véritable paradis, inscrit au Patrimoine mondial de l'Unesco.

La saison d'observation des cétacés y est plus longue, car vous pourrez voir les baleines en février-mars et les cachalots de mai à novembre. Sans oublier de nager avec les dauphins.

Plus haut vers le nord, à l'extrémité d'Hokkaidō Rausu est considérée comme la localité du Japon où ce type de tourisme connaît son essor le plus rapide.

D'avril à octobre, vous y apercevrez cachalots et orques splendides. Le site se trouve au sein du Parc national de Shiretoko, déclaré Patrimoine de l'humanité par l'Unesco. Le froid s'accentue à mesure que l'hiver approche, mais vous ne regretterez vraiment pas votre visite. Toute la péninsule a été laissée à l'état naturel, ce qui a permis de préserver un écosystème caractérisé par une grande biodiversité.

Voilà donc les options les plus connues. Il en existe bien entendu beaucoup d'autres et les lieux propices au *whale watching* ne cessent de se multiplier au Japon. Il ne vous reste plus qu'à vous équiper de bottes en caoutchouc et d'un imperméable… avant de partir !

Aborder le débat de la chasse à la baleine

Vous pouvez également manger de la baleine, si vous en avez vraiment envie. Certains restaurants et marchés en proposent. Cette consommation est-elle éthique ? Personnellement je ne le crois pas, même si j'ai moi-même déjà goûté à cette viande. Parce que ces cétacés sont en danger d'extinction et que nous devrions respecter davantage la nature. Mais nier que la culture baleinière fasse partie de la tradition japonaise relèverait de l'hypocrisie, tout comme assimiler les baleiniers nippons à des monstres. Car la chasse commerciale a repris aussi pour des raisons plus politiques qu'économiques. Les investissements considérables dont cette activité bénéficie s'expliquent sans doute davantage par un puissant facteur nationaliste que par l'essoufflement de ce marché spécifique. La chasse à la baleine et les virulentes campagnes menées contre une telle pratique s'alimentent en réalité souvent mutuellement. Car pour être honnêtes, très rares sont finalement les Japonais qui continuent d'apprécier et de consommer de la baleine.
Alors, de quoi parlons-nous ? D'une tradition qui, au Japon, remonte à la fin du XVIe siècle. En période de guerres et de troubles, les pêcheurs se mirent à ratisser les côtes en quête de baleines et se lancèrent dans une chasse de proximité avec des harpons manuels (*tsukitori-hō*) ou bien pratiquèrent la chasse dite passive, en s'emparant des cétacés qui s'échouaient dans les baies et sur les plages après avoir perdu, pour une raison quelconque, le sens de l'orientation ou tenté d'échapper à la poursuite impitoyable des orques.

Ces battues se déroulaient au printemps, quand les baleines remontaient du sud vers le nord après que les femelles avaient donné le jour à leurs petits (*nobori kujira*, 登り鯨, remontée des baleines), ou bien à l'automne, lorsqu'elles migraient du nord au sud pour aller se reproduire dans des eaux plus chaudes (*kudari kujira*, 下り鯨, descente des baleines).

Une activité saisonnière à des fins simplement de subsistance. Il suffit d'avoir lu *Moby Dick* pour savoir que la chasse pouvait être extrêmement dangereuse à bord d'un grand baleinier. Vous n'aurez donc aucun mal à imaginer les risques encourus avec les petites embarcations dont disposaient les pêcheurs nippons du XVIe siècle.

Avec le temps et l'expérience aidant, quatre localités se spécialisèrent dans la chasse saisonnière à la baleine et des communautés de baleiniers se créèrent. Il s'agit d'Owari, dans la préfecture d'Aichi ; de l'île d'Ōmi ; de l'île d'Ikitsuki, au sud ; et de Taiji, dans la préfecture de Wakayama. Cette dernière a été rendue célèbre par le film *The Cove* (*La Baie de la honte*), récompensé par l'Oscar du meilleur film documentaire et qui décrit crûment le massacre des dauphins.

1675 marqua un tournant dans la chasse à la baleine avec l'invention par Wada Kakuemon de l'*amitori-hō* (網取法), une tactique consistant à encercler en bateau le cétacé par trois côtés pour l'acculer dans d'immenses filets.

Cette technique de pêche se répandit rapidement dans tout le Japon et au fil du temps, des améliorations permirent d'accroître le rendement et la sécurité des battues de chasse.

Les Japonais chassaient six familles de cétacés, et plus exactement la baleine bleue, le rorqual commun, la baleine franche du Pacifique Nord, le rorqual boréal, la baleine à bosse et le cachalot. S'agissant des espèces les plus grandes, cependant, les pêcheurs pratiquaient uniquement une chasse passive et s'emparaient en réalité des individus qu'ils trouvaient par hasard échoués.

Outre la viande, rien n'était perdu. Absolument tout, dans la baleine, pouvait servir, notamment à fabriquer les pions des jeux d'échecs japonais ou à extraire de l'huile pour les lanternes, du lubrifiant, voire de l'engrais. Il s'agissait en somme d'un produit crucial dans la vie des Japonais.

Même les merveilleuses marionnettes du théâtre Bunraku étaient réalisées avec des dents et des fanons de baleine. Comme on peut l'imaginer, revenir indemne d'une battue n'était vraiment pas garanti pour les chasseurs de l'époque. Voilà pourquoi les pieux Japonais qui honoraient leurs *kami* (神, dieux) et divinités bouddhistes ne manquaient pas de se fondre en remerciements. Plus encore : ils éprouvaient également un sentiment de culpabilité à tuer ces imposants animaux, une peur ancestrale que ces derniers puissent se venger. Il ne faut jamais oublier que dans la vieille religion nippone, foncièrement panthéiste, le divin n'est pas strictement surnaturel et existe aussi dans la nature, dans tout ce qui est animé ou inanimé.

Associée à Hiruko, la baleine était en substance un dieu des mers. Il serait ici trop long d'exposer le complexe univers de la mythologie japonaise et nous reviendrons sur ce sujet plus tard. Il suffit pour l'instant de savoir que deux ouvrages datant du VIIIe siècle traitent de toute la cosmogonie nippone. D'après ces textes Izanagi et Izanami, les deux divinités à l'origine de la multitude des dieux et de la création du Japon lui-même, auraient commis une erreur lors du rituel de leur union et leur premier enfant serait né difforme, sans bras ni jambes ni os. Hiruko, l'« enfant-sangsue », fut abandonné dans une barque, mais réussit à survivre en se laissant porter par le courant. Recueilli par un pêcheur qui s'occupa de lui avec amour, il finit par se rétablir en partie (tout en restant presque sourd et boiteux) et devint le dieu Ebisu, protecteur des pêcheurs qui considérèrent alors tout naturellement les baleines comme un cadeau d'Ebisu ou une incarnation du dieu en personne.

Ainsi, des os de baleines étaient parfois placés dans les tombes pour leur rendre hommage et des monuments érigés en leur honneur. Les temples bouddhistes attribuaient par ailleurs des noms posthumes aux baleines tuées et les traitaient à l'instar de n'importe quel fidèle. Ces rites représentaient un coût non négligeable pour les communautés de pêcheurs qui, pour certaines, ont inscrit les noms des cétacés sur le registre des morts tenu par le temple, avec celui des membres de la « paroisse ».

Vue sous cet angle, la chasse à la baleine des Japonais pourrait donc être comparée à celle dont la pratique est autorisée pour les populations Inuit par la Convention internationale pour la réglementation de la chasse à la baleine (ICWR). Mais quand le gouvernement nippon sollicita ce type de reconnaissance, sa demande fut rejetée. C'est là que la politique entre en jeu.

La chasse à la baleine change radicalement à l'époque moderne. Au XIXe siècle, les baleiniers des pays occidentaux étendirent leur zone d'activité aux côtes japonaises et, avec leurs méthodes nouvelles, réduisirent nettement la population de cétacés de la région. Les baleiniers japonais se retrouvèrent confrontés à une concurrence inégale et traversèrent une période difficile.

Pire encore : en 1853, le commodore Perry évoqué précédemment obligea le shogun à ouvrir plusieurs ports du pays, amorçant la crise qui se soldera par le renversement du shogunat lui-même. En pénétrant dans la baie d'Edo avec trois navires de guerre armés jusqu'aux dents, le haut officier américain avait entre autres pour objectif de constituer une base américaine permettant de commercer avec la Chine et de ravitailler les baleiniers étatsuniens qui détenaient désormais un monopole substantiel dans le Pacifique. Les autorités du Japon alors régi par une politique isolationniste (*sakoku*, 鎖国) réservant un accueil rien moins que chaleureux aux équipages de baleiniers

américains qui avaient fait naufrage, les esprits ne manquèrent pas de s'échauffer.
Avec l'ouverture du pays à partir de 1868, la chasse à la baleine nippone entra elle aussi dans la modernité. Cependant la ressource baleinière ne cessa de s'amenuiser au fil des décennies, au point de risquer l'extinction, tant et si bien qu'en 1986 la Commission baleinière internationale (CBI) décréta un moratoire global sur la chasse. Le Japon ne respecta que partiellement ce dernier, organisant chaque année des expéditions à des fins de « recherche » qui n'étaient en réalité rien d'autre que des battues. Ces opérations suscitèrent des protestations internationales et des campagnes, parfois assez violentes, menées par des organisations non gouvernementales.
Notons par ailleurs que le marché se restreignait de plus en plus : à l'ère du plastique et de la chimie, plus besoin de la baleine pour nombre de produits. Et les consommateurs japonais devenaient de moins en moins adeptes de la viande de ces cétacés.
En 2018, le gouvernement japonais décida de quitter la Commission baleinière et autorisa pour la première fois depuis 1986 la chasse commerciale de 227 baleines, après avoir tenté durant des années de relancer cette dernière au sein de ladite Commission. Depuis 1987, le Japon tue chaque année entre 200 et 1 200 baleines, un quota que les autorités nippones jugent compatible avec la survie des espèces. Ce que la CBI et les ONG contestent bien entendu vivement.
Pourquoi le Japon s'expose-t-il au discrédit international pour soutenir une industrie qui, dans l'ensemble, ne représente que quelques centaines d'emplois ?
Et bien comme je le disais plus haut, c'est une question de politique. Il y a d'une part la volonté d'entités locales pour lesquelles la chasse à la baleine est un élément fondateur de leur identité culturelle, de leur tradition ; ces communautés font clairement pression sur leurs référents politiques qui occupent souvent des positions importantes dans la hiérarchie nippone.
Et de l'autre un facteur plus national et historique : l'absence de reconnaissance, pour les communautés japonaises, du droit à la chasse de subsistance qui est accordé notamment aux Inuit de l'Alaska (américains, en somme) est vécu comme une dis-

crimination qui participe d'un racisme dont les Japonais s'estiment victimes par rapport aux Américains et aux Occidentaux. Le célèbre écrivain Yamamoto Shichihei (1921-1991) déclara il y a des années que « la question de la chasse à la baleine est devenue un instrument permettant aux Américains de se sentir libres d'exprimer leur sentiment anti-japonais amorphe, mais profondément enraciné. »

La chasse à la baleine est donc défendue dans une perspective nationaliste, malgré son faible poids économique. Le meilleur moyen de la reléguer dans le passé consiste probablement à la démythifier, à la priver du contenu idéologique véhiculé par les campagnes pour ou contre. La connaître, la toucher du doigt pour, ensuite, la considérer justement comme une tradition d'un passé désormais révolu.

Il serait peut-être alors bon de partir à la découverte de cette culture. De comprendre qui étaient les Achab japonais. En allant par exemple à Taiji, la ville de *The Cove*, sans idées préconçues, pour visiter le musée de la Chasse à la baleine. Vous détesterez sûrement, mais une fois sur place, vous aurez l'occasion de discuter avec les locaux – à condition d'avoir l'esprit ouvert – et de réaliser qu'après tout, il ne faut pas forcément leur jeter la pierre.

Ou bien à Nagato, dans la préfecture de Yamaguchi. Le temple Koganji abrite une étrange tombe construite en 1692 pour les fœtus de baleine. Quand les pêcheurs tuaient une baleine enceinte, ils célébraient en effet une cérémonie funèbre et inhumaient le petit qui ne verrait jamais le jour. Dans ce temple, toujours, vous pourrez demander que l'on vous montre l'un des registres des morts évoqués auparavant, où les noms des cétacés figurent au même titre que ceux des fidèles.

9

Se perdre dans la cité des livres

Si vous êtes bibliophile, ne manquez pas de visiter le quartier des livres : Jinbōchō, situé dans le district de Kanda. En sortant du métro à la station homonyme, vous serez au paradis si vous aimez la poussière des vieilles pages jaunies, les magnifiques cartes postales anciennes et les librairies que les grandes chaînes de distribution en ligne n'ont pas encore rayées de la carte.

Partons d'un principe : les Japonais adorent lire. Ils le font partout, au point qu'il existe un terme pour désigner l'activité consistant à lire gratuitement un magazine ou un ouvrage debout dans une librairie ou un *convenience store*, à savoir une supérette ouverte 24 heures sur 24 : *tachiyomi* (立ち読み). Même si dernièrement, il convient de le dire, cette pratique devient de plus en plus compliquée car les commerçants ont entrepris de mettre les revues sous cellophane.

En outre, les Japonais aiment le papier. Le Japon a beau être un acteur majeur du secteur de l'électronique et un producteur de liseuses répandues dans le monde entier, la vente des livres numériques n'est pas aussi généralisée qu'aux États-Unis, par exemple.

À l'origine ce sont les *bunkobon* (文庫本), des formats de poche de la taille d'une feuille A6 (105x148 mm), qui contribuèrent à la diffusion massive des livres. Petite anecdote à propos du format : il dérive des ouvrages qui, à l'époque d'Edo, étaient conçus de manière à tenir dans le pli de la manche d'un kimono. Créés au XXe siècle, ils ont été et constituent toujours un support indispensable pour promouvoir la lecture de masse.

Non pas que le Japon échappe au déclin qui frappe les librairies dans le monde entier. Bien au contraire : selon un rapport de la maison d'édition Shogakukan (qui a son siège à Jinbōchō, naturellement), le nombre de librairies – y compris celles spécialisées dans la bande dessinée et les points de vente de livres d'occasion – a été réduit de moitié entre 2013 et 2019, passant à environ quarante mille dans l'ensemble du pays. D'après l'Association des éditeurs de livres, en revanche, le nombre de librairies proprement dites – à l'exclusion par conséquent des boutiques de mangas et des supérettes – n'atteint pas quinze mille unités.

Mais ne vous laissez pas décourager par ces sombres données et rendez-vous à Jinbōchō pour y faire éventuellement un achat, vous ne le regretterez pas.
Le quartier doit son nom à l'un de ses résidents du XVIIe siècle,

un samouraï de haut rang qui s'appelait Jinbō Nagaharu. L'idéogramme 町 est le symbole graphique du mot quartier, de sorte que le terme Jinbōchō (神保町) signifie littéralement « quartier de Jinbō ».

Nul ne sait à quel point le samouraï du XVIIe siècle aimait lire, même si à l'époque d'Edo les guerriers n'étaient plus de grossiers incultes, mais se rapprochaient davantage de bureaucrates cultivés et conservant néanmoins leur éducation martiale. Quoi qu'il en soit, à l'avènement de la période Meiji (1868-1912) et plus particulièrement durant les deux dernières décennies du XIXe siècle, la proximité du Palais impérial et des centres du pouvoir japonais favorisèrent l'implantation dans cette zone d'une série d'écoles de droit à l'origine de prestigieuses universités, comme la Meiji daigaku (Université Meiji) et la Nihon daigaku.

Le quartier devint ainsi fréquenté par des professeurs et des étudiants, des intellectuels appelés à constituer la classe dirigeante du Japon de l'époque et du futur.

En 1913, un grand incendie ravagea la zone. Au Japon, les tremblements de terre et les incendies permettent souvent, une fois la douleur passée, de redémarrer selon des critères modernes. Ce fut le cas pour Jinbōchō.

La fondation de la librairie Iwanami (Iwanami shoten, 岩波書店) par l'une des plus éminentes personnalités culturelles du XXe siècle japonais, le professeur Iwanami Shigeo (1881-1946), symbolisa la renaissance du quartier.

Tout jeune, Iwanami avait été au bord du suicide comme tant d'intellectuels de sa génération, après qu'un de ses amis avait mis fin à ses jours. Il avait alors passé un mois et demi en ermite dans la montagne, s'interrogeant sur le sens de son existence. Cette histoire rappelle vaguement celle de Christopher McCandless, le jeune Américain immortalisé par le film *Into the Wild* de Sean Penn, tiré du récit de Jon Krakauer intitulé *Voyage au bout de la solitude*.

La fin de la retraite d'Iwanami fut moins tragique que celle de McCandless grâce à sa mère qui le ramena chez lui (de force ?), en lui sauvant ainsi la vie et en évitant du même coup une perte inestimable pour la culture japonaise.

Le jeune homme reprit en effet ses études et devint l'élève

d'Uchimura Kanzō (1861-1930), écrivain et évangéliste chrétien considéré comme l'un des pères du mouvement pacifiste au Japon. Iwanami se convertit non pas au christianisme, mais à la culture en tant que religion. Ardent partisan de la diffusion de la culture, il milita pour l'émancipation de la femme au travers, avant tout, de l'éducation.

Animé d'un puissant élan moral, il ouvrit une boutique de livres d'occasion à Jinbōchō et devint même éditeur, publiant Sōseki Natsume (1867-1916), le plus grand écrivain de sa génération.

Éminente maison d'édition japonaise, la librairie Iwanami se lança même avec courage dans la publication d'illustres représentants de la philosophie allemande, à commencer par Karl Marx.

Jinbōchō devint dès lors le centre culturel de Tōkyō, le cœur de l'activité éditoriale au pays du Soleil-Levant. Ce passé a laissé des traces encore bien visibles aujourd'hui. Outre Iwanami et Shogakukan, bon nombre de maisons d'édition ont leur siège principal dans ce quartier où les grandes librairies proposent également des ouvrages neufs. Mais la véritable âme de la zone n'en reste pas moins l'avenue Yasukuni dōri, jalonnée de bouquinistes et d'antiquaires côtoyant des librairies spécialisées dans diverses langues étrangères.

Plutôt que de vous rendre dans le quartier des livres avec une idée précise, je vous conseille de le visiter sans programme parfaitement défini en tête pour vous perdre au milieu des librairies, découvrir des textes inattendus, vous abandonner parfois au vertige de l'incompréhensible au fil d'un voyage permettant de saisir combien la culture est importante au Japon et pour votre propre existence.

10

Observer le monde par la poitrine de Bouddha

Qui n'a jamais rêvé d'appréhender le monde du point de vue d'une « divinité » ? Au Japon, c'est possible. Reste à savoir si la divinité en question, Bouddha, en est vraiment une, dans la mesure où beaucoup soutiennent que la dimension religieuse du bouddhisme n'est que le corollaire d'un système philosophique plus complexe qualifié par certains de « religion sans dieu ».

Qui plus est, vous verrez le monde non pas par les yeux de Bouddha mais, un peu plus bas, par sa poitrine. Le panorama n'en est pas moins beau et vous aurez le plaisir de gravir en ascenseur le corps de l'Éveillé comme si vous vous trouviez dans ce vieux film des années 1960, *Le Voyage fantastique*.

Le Bouddha en question, dénommé Ushiku Daibutsu (le Grand Bouddha Ushiku, 牛久大仏), se dresse dans la préfecture d'Ibaraki. Les Japonais ont parfois fait preuve d'excès dans la taille des statues de Bouddha. Deux d'entre elles sont particulièrement célèbres : le Daibutsu (Grand Bouddha) qui se trouve dans le merveilleux Tōdai-ji de Nara et compte parmi les chefs-d'œuvre de l'art antique dont nous parlerons plus loin, et le Daibutsu situé à Kamakura, dans l'enceinte du temple de Kōtoku-in. Mais le Grand Bouddha Ushiku atteint vraiment des sommets : la statue de bronze mesure cent vingt mètres de haut et pèse plus de quatre mille tonnes, avec un nez d'un mètre vingt de long et des oreilles pendantes de dix mètres.

Le bouddhisme, comme nul ne l'ignore, est une religion originaire d'Inde et issue de l'enseignement de Siddhartha Gautama, l'« Illuminé ». Le message du Bouddha historique évolua ensuite pour s'adapter à la réalité locale rencontrée, d'où l'existence de plusieurs traditions bouddhistes. Sans entrer dans les détails, disons pour résumer que le bouddhisme pratiqué dans le Sud-Est asiatique est désigné sous le terme de hînayâna ou theravada, et celui répandu en Asie de l'Est (Chine, Corée, Japon), sous celui de mahâyâna.
L'introduction du bouddhisme au Japon est généralement située en 538, quand le roi du Paekche (l'un des trois principaux royaumes composant la Corée) adressa au souverain du Yamato – le noyau initial du Japon – une lettre l'invitant ardemment à adopter cette religion et sollicitant par ailleurs son aide dans un conflit qui l'opposait au Silla, mêlant ainsi de grands principes à une éventuelle résolution de la situation.
À l'époque les courriers express n'existaient pas, de sorte que pour porter la missive royale il fallut recourir à une importante délégation de moines qui se mirent en route avec des copies des sutras, les écritures saintes bouddhiques, et un certain nombre de statues de bronze.
La date de 538 est bien entendu une pure convention. Difficile, en effet, d'imaginer qu'un réfugié, un naufragé, un pirate faisant la navette entre la Chine et le Japon n'ait pas déjà introduit des éléments bouddhistes ou du moins mis les autorités de l'époque au courant de l'existence de cette nouvelle religion diffuse.

L'arrivée du bouddhisme au Japon n'eut rien d'un défilé triomphal. La nouvelle religion venait s'établir dans une maison aux mains d'un propriétaire légitime, ou plutôt dans une vaste copropriété occupée par les *kami*, les divinités ancestrales. Les Japonais ont la réputation d'être très syncrétiques en matière de religion, ayant tendance à opérer une superposition et à ne retenir que ce qui les intéresse le plus, généralement les rites. Mais en réalité ce ne fut pas aussi simple et il y eut conflits et tensions au sein de la cour. Notons cependant que le bouddhisme apparut au final comme une force spirituelle dominante et dans la capitale impériale du VIIe siècle, Nara, les « Six Sectes » faisaient la pluie et le beau temps.

En 894, la capitale fut transférée à Heian-kyō (aujourd'hui Kyōto) et le bouddhisme vit s'affronter deux grandes doctrines : Tendai et Shingon. En parallèle, le mélange entre la religion importée, le bouddhisme précisément, et celle d'origine, les cultes *shintō*, s'accentua à cette époque. C'est l'illustre période de la cour classique où furent rédigés les chefs-d'œuvre de la littérature antique nippone comme le *Genji monogatari* (源氏物語, le *Dit du Genji*) de Murasaki Shikibu et le *Makura no sōshi* (枕草子, *Les Notes de chevet*) de Sei Shōnagon.

Avec le temps, la douce et raffinée vie de cour eut de plus en plus de mal à se maintenir. L'atmosphère de complots, le fait que les clans s'articulent en branches locales éloignées de la capitale et pratiquant davantage la guerre que la littérature éveillèrent dans l'imaginaire religieux un soupçon de décadence, un sentiment de crise du monde qualifiée, en termes bouddhiques, de *mappō* (末法), à savoir « période de la fin de la Loi de Bouddha ». Des formes de bouddhisme millénariste envahirent le Japon vers l'an 1000 (de l'ère chrétienne, car il ne faut pas oublier que la datation japonaise était complètement différente).

Des hommes qui pouvaient trouver la mort dans un duel, une bataille, éprouvaient le besoin de croire en quelque chose au-delà du trépas. La figure centrale de ce culte messianique est Amithaba – Amida, en japonais –, le Bouddha de la Terre pure occidentale.

Il est généralement représenté tranquillement assis sur une fleur de lotus. La répétition de son nom : « *namu Amida-butsu, namu*

Amida-butsu... » (pratique du *nembutsu*) était la clé permettant d'accéder au Gokuraku Jōdo (極楽浄土), le paradis de la Terre pure, le lieu où se perfectionner pour atteindre le Nirvana. Le principal promoteur de cette nouvelle vision bouddhique (elle aussi importée de Chine, comme toutes les précédentes) est la secte Jōdo shū (浄土宗, École de la Terre pure).

En 1224, un schisme se créa au sein de cette secte. Le moine Shinran (1173-1263) livra son interprétation de l'amidisme, selon laquelle l'entrée au paradis de la Terre pure s'effectuait par la simple récitation du *nembutsu* avec une sincérité dérivant d'un état de grâce directement issu d'Amida.

Les moines de l'École véritable de la Terre pure (Jōdo shinshū, 浄土真宗) pouvaient se marier – Shinran, fondateur de la secte, eut du reste lui-même huit enfants – et vivre dans la société. Cette approche plus souple du bouddhisme qui remporta un grand succès était en soi révolutionnaire, et les moines de la secte s'illustrèrent souvent dans lesdites *ikkō-ikki* (一向一揆), les révoltes contre les seigneurs féodaux au XVe et XVIe siècle.

Le Grand Bouddha Ushiku entend justement commémorer la figure de Shinran. Construit pour célébrer la naissance du fondateur de la secte, son inauguration eut lieu en 1993 – il ne s'agit donc pas d'un monument antique. Avec ses cent vingt mètres, il fut longtemps la plus grande statue du monde et compte aujourd'hui parmi les plus hautes.

Il représente un Bouddha Amida debout. Une fois à l'intérieur du piédestal en forme de lotus, vous trouverez une salle à moitié plongée dans l'obscurité où flotte le parfum de l'encens.

À l'étage supérieur, vous pénétrerez dans une deuxième pièce abritant trois mille petites statues dorées. De là, un ascenseur vous conduira quatre-vingt-cinq mètres plus haut et par une ouverture ménagée dans la poitrine du Bouddha, vous pourrez admirer le panorama. Par temps clair, la vue porte même jusqu'à la tour Skytree de Tōkyō.

Pour vous rendre sur place, prenez un train reliant les gares de Nippori ou d'Ueno à Tōkyō, et descendez à Ushiku. Le reste du trajet se fait en bus. Au coucher du soleil, vous aurez peut-être la chance de voir au loin l'astre du jour se poser dans la main d'Amida, un spectacle d'une extraordinaire beauté.

11

Manger du poisson vivant (défenseurs des animaux et personnes sensibles s'abstenir !)

Attention : avant de tenter l'expérience, ayez la certitude de ne pas être trop sensible et de ne pas avoir la défense des animaux trop à cœur. Je l'ai moi-même fait par le passé, mais je ne recommencerai jamais. Tout le monde change, voilà la vérité. En se laissant parfois attendrir. J'aborde donc cette éventualité non pas parce que je la partage, mais parce que selon moi, nul ne doit imposer ses idées et son mode de vie à autrui.

Bien, ceci dit, sachez qu'au Japon vous aurez la possibilité de manger des animaux vivants. Et je ne parle pas seulement des huîtres, qui sont consommées vivantes en Occident également (dans le cas contraire, mieux vaut ne pas se trouver trop loin des toilettes...). Cette pratique est désignée sous le terme d'*odorigui* (踊り食い), qui signifie « manger ce qui danse ». Dans l'assiette, évidemment.

Mais avant d'évoquer les horribles plats vivants, arrêtons-nous un instant sur les habitudes alimentaires des Japonais. Tout le monde connaît les sushis, les *rāmen*, la *tempura* et autres délices proposés par les restaurants japonais désormais répandus dans le monde entier. En règle générale, cependant, il ne s'agit pas vraiment des *katei-ryōri* (家庭 料理), à savoir les recettes que les Japonais préparent au quotidien. Comme dans chaque culture gastronomique, il existe différents niveaux d'expérience culinaire. Même si le poisson et les fruits de mer constituent sans nul doute un dénominateur commun minimal de la cuisine japonaise. Pour une raison très simple et facile à deviner : le Japon est un archipel.

La cuisine des temples bouddhistes fait néanmoins exception à la règle.

Le bouddhisme, comme chacun sait, comporte un puissant courant végétarien.

Il existe huit préceptes, qui sont l'équivalent bouddhiste des dix commandements chrétiens, et l'un d'entre eux interdit de « blesser et tuer », un autre de « manger au mauvais moment », mais rien n'empêche explicitement de consommer de la viande. Autrefois, les moines se nourrissaient la plupart du temps avec ce que leur procurait la pratique de la mendicité. Ils ne pouvaient pas faire la fine bouche, car le devoir de bienveillance leur imposait également de permettre aux fidèles d'améliorer leur karma par le biais du don. Le seul interdit précis concernant la consommation de viande était que l'animal ne devait pas être tué spécifiquement pour nourrir le moine, sous peine de créer une relation karmique extrêmement négative. Des périodes de jeûne parfaitement définies étaient en outre prévues.

Faisons donc dès à présent table rase d'un lieu commun : bouddhisme ne rime pas systématiquement avec végétarisme.

Un puissant courant végétarien ne s'en est pas moins développé, notamment au sein du bouddhisme mahâyâna répandu en Chine, en Corée et au Japon. Certains sutras (textes sacrés) interdisent expressément de consommer de la viande. De sorte que dans l'univers bouddhiste mahâyâna, les traditions chinoise et vietnamienne observent un végétarisme rigoureux, tandis que la tradition japonaise, plus souple, laisse le choix de l'adopter ou non.

Les sectes zen, en particulier, ont développé une cuisine végétarienne raffinée qui constitue un élément de la pratique méditative conduisant à l'illumination.

Dénommé *shōjin ryōri* (精進料理), cet art culinaire évite les saveurs fortes de la viande (et du poisson), mais aussi l'ail ou d'autres végétaux ayant une odeur ou un goût trop prononcé. Il s'agit là sans nul doute de l'un des courants fondateurs de la cuisine *kaiseki* (懐石料理) qui remonte au grand maître de thé Sen no Rikyū (1522-1591), un personnage étroitement lié à la culture zen. L'autre est la cuisine de cour de la période Heian.

En somme, le végétarisme avait cours dans certains monastères, mais pas tous. Et le bouddhisme affichait une tradition culinaire assez diversifiée. Certes, la cuisine japonaise revêt une profonde composante végétale. En effet, quel était le repas type d'un paysan nippon dans l'Antiquité ? Essentiellement du millet, du riz brut et des fruits. Dans le meilleur des cas, du poisson. La viande était vraiment rare, en raison à la fois des faibles ressources disponibles et des interdits rituels inhérents au shintoïsme, pour lequel le contact avec la mort était impur et qui ravalait au plus bas de l'échelle sociale quiconque était en contact avec le sang et la peau des animaux. Les tanneurs, par exemple, étaient « hors caste », intouchables et *eta* : à l'époque féodale, n'importe quel samouraï pouvait les tuer impunément.

Le contexte culinaire qui nous occupe ayant été dressé, nous allons donc pouvoir parler de l'*odorigui*, en apportant néanmoins une précision supplémentaire. Ce terme est souvent associé, parfois confondu ou considéré comme synonyme d'un autre : *ikizukuri* ou *ikezukuri* (生き作り ou 活け造り), soit la pratique consistant à confectionner un sushi avec des tranches de poisson vivant. Malgré une tendance à les employer de façon interchangeable y compris dans les restaurants au Japon, ces deux mots renvoient à des réalités différentes : le poisson d'un sushi est à l'évidence mort, même fraîchement, quand il est servi. Profitons de l'occasion pour rappeler que manger des huîtres ou des oursins vivants ne relève pas de l'*odorigui* pour la simple raison qu'il n'y a aucune perception de mouvement, de danse.

Le plat le plus couramment proposé est le calmar, avec la partie supérieure découpée en lanières comme des spaghettis froids et les petits tentacules qui s'agitent encore. Vous pourrez aussi goûter au poulpe, dont les tentacules coupés continuent de bouger et, une fois dans la bouche, se collent à la langue avec leurs ventouses (un mets en vérité plus typique de la cuisine coréenne que de la gastronomie nippone). L'ormeau pour sa part déposé vivant sur un réchaud remuera sous vos yeux pendant la cuisson, mais sera mort quand vous le consommerez. Les crevettes *sakura* (*Lucensosergia lucens*) sont particulièrement appréciées vivantes. Elles sont servies dans de l'eau, car elles ont autrement la déplorable habitude de sauter.

Vous les mangerez telles quelles, en les trempant dans une sauce soja. Des crevettes plus grosses sont parfois proposées, comme les *kuruma-ebi*, les crevettes tigres japonaises. Elles aussi sautent, mais étant de plus grande taille, elles se manipulent plus facilement.

Autre délice, les petits gobies *shirouo* ou *isaza* sont servis dans un récipient avec de l'eau où ils nagent frénétiquement. Vous les attraperez avec les baguettes, les tremperez dans la sauce soja et les mangerez vivants.

Par respect pour les animaux, les pratiques de l'*ikizukuri* et de l'*odorigui* sont illégales dans certains pays, mais pas au Japon. Si vous voulez vraiment tenter l'expérience, faites-le par conséquent au pays du Soleil-Levant, éventuellement sous l'égide d'un autochtone. Mais vous pouvez tout aussi bien faire l'impasse en la matière.

12

Aller au théâtre Kabuki

Il existe certainement différentes façons de saisir l'esprit du Japon, l'une des plus efficaces étant sans nul doute d'assister à un spectacle du théâtre Kabuki. C'est possible à Tōkyō, en se rendant au Théâtre national (国立劇場, Kokuritsu Gekijō) ou au Kabuki-za (歌舞伎座), le temple du Kabuki. Ces structures sont aujourd'hui équipées pour recevoir des spectateurs étrangers et fournissent casques audio dans diverses langues, livrets des représentations, explications, etc. N'ayez donc aucune inquiétude : vous ne vous sentirez pas abandonné face à l'énigme insoluble de l'idiome nippon. Car la langue pratiquée dans ces occasions est ancienne, difficilement compréhensible même pour vos contemporains japonais.
À l'ouverture du rideau, vous serez projeté dans un univers de couleurs, de musiques, de danses, de tours de magie et de mouvements d'une extrême élégance, en découvrant des histoires d'une profondeur parfois comparable à celle des grands drames shakespeariens.
Le charme des acteurs sur scène vous plongera dans une autre époque. Vous admirerez les gestes sensuels et suggestifs des actrices, qui sont en réalité des hommes. Il s'agit des célèbres *onnagata* (女方) qui apprennent dès leur plus jeune âge – la formation d'un acteur de Kabuki débute dès l'enfance et repose sur un apprentissage très sévère – à interpréter des rôles de femme sur la scène interdite aux membres de la gent féminine. L'origine de cette interdiction est très intéressante et nous permet de pénétrer au cœur de cet art antique et d'appréhender son essence.
L'exclusion des femmes de la scène du Kabuki est trompeuse,

dans la mesure où ce sont elles qui créèrent justement ce genre théâtral. Et plus particulièrement l'une d'entre elles : la Danseuse d'Izumo.

Nous sommes au début de la période Edo, caractérisée par une longue paix (la fameuse Pax Tokugawa) et dont l'année de naissance coïncide avec celle du Kabuki : 1603.

Pour les Japonais au sommet de l'ordre social, le théâtre de référence était le Nō, un genre sur lequel nous reviendrons. Avec ses spectacles au rythme lent et dilaté, fondé sur le symbolisme et la perfection du geste, ce type de théâtre pouvait être prisé du représentant de la cour ou du samouraï de haut lignage, un peu moins de la nouvelle classe citadine pour laquelle le commerce était l'une des roues motrices. Les jeunes couches de la société souhaitaient davantage de dynamisme et la représentation d'une réalité qui leur était familière, et voulaient surtout s'amuser.

C'est au beau milieu de cette transition que surgit une femme : Okuni, la *miko* du Grand Sanctuaire d'Izumo, l'un des principaux lieux de culte *shintō*. Il s'agissait en somme d'une prêtresse ayant entre autres pour fonction d'exécuter les danses *kagura* (神楽) visant à s'attirer la bienveillance des *kami* (divinités), une pratique par conséquent clairement d'origine chamanique.

Les sanctuaires aussi avaient besoin d'argent, sans doute plus que d'autres structures. Izumo no Okuni (1572-1613), soit Okuni d'Izumo (en japonais, la particule *no* sert à exprimer la possession et se traduit généralement par « de » en français), fut donc envoyée en tournée afin de recueillir des fonds pour le temple. La prêtresse-danseuse se rendit immédiatement à Kyōto, la capitale impériale, et s'établit en un point précis de la ville pour mettre en scène une danse spécifique, le *nembutsu odori*.

Odori (踊り) signifie tout simplement « danse », tandis que le *nembutsu* (念仏) consiste à répéter le nom du Bouddha Amida (le Bouddha du Futur) pour accéder au paradis bouddhique. D'où une première question : pourquoi une prêtresse *shintō* exécutait-elle une danse d'inspiration bouddhiste ? Pour la simple et bonne raison qu'au Japon, shintoïsme et bouddhisme se sont mélangés, combinés et séparés au cours de plusieurs phases historiques. À l'époque considérée, ils étaient presque indissolublement liés.

Mais les gens prenaient-ils vraiment plaisir à voir une danse religieuse ? Oui, et à deux titres. Primo, Okuni était réputée pour sa beauté hors du commun. Secundo, la danse n'avait pas grand-chose de solennel et s'avérait en revanche truffée d'allusions sexuelles explicites.

La rumeur se répandit vite et Okuni devint une véritable star, au point de se construire son propre théâtre et de pouvoir refuser de regagner son sanctuaire d'origine. (Elle ne cessa cependant jamais, jusqu'à la fin de ses jours, d'envoyer une partie de ses gains à Izumo).

1603 fut l'année décisive où elle se produisit pour la première fois dans un nouveau type de danse baptisé *kabuki odori*, à savoir « danse kabuki ».

Le terme *kabuki* se compose de trois idéogrammes : 歌舞伎. Le premier, 歌 (*ka*), signifie « chant » ; le deuxième, 舞 (*bu*), « danse » ; et le troisième, 伎 (*ki*), « habileté technique ». Le mot veut ainsi dire : « technique de chant et de danse ». Mais ces idéogrammes furent choisis dans un deuxième temps, quand le nouveau genre s'était déjà affirmé et pour la valeur phonétique des caractères renvoyant au verbe *kabuku* (傾く) désignant ce qui était peu orthodoxe, par référence à une forme de théâtre considérée à l'époque comme d'avant-garde.

La Danseuse d'Izumo perfectionna au fil du temps son spectacle, fondant une véritable compagnie constituée exclusivement de femmes. Ce n'est pas un hasard si le Kabuki de cette phase est qualifié d'*Onna kabuki*, Kabuki des femmes.

Créatrice d'un art populaire, Okuni n'en réussit pas moins à maintenir un niveau culturel lui permettant de se produire devant le shogun, le sévère Tokugawa Ieyasu (1543-1616), et la cour impériale. Ce ne fut pas le cas de ses émules. Le formidable succès de son Kabuki poussa en effet d'autres imprésarios à engager des femmes pour mettre en scène le même genre de représentations. Le Kabuki débarqua à Yoshiwara, le quartier des plaisirs d'Edo, et devint l'un des arts dudit *ukiyo* (浮世), le « monde flottant », éphémère et lié au caractère transitoire d'une existence à mener de façon plaisante. La jouissance esthétique de l'art de la danse et du théâtre se confondait avec le plaisir charnel, et souvent les prestations des actrices ne se cantonnaient pas à la scène.

Cette situation heurta la morale stricte du clan victorieux qui avait réunifié le Japon, celui des Tokugawa. Iemitsu (1604-1651), troisième shogun du clan Tokugawa, imposa l'interdiction visant les femmes en 1629. Il s'agit à dire vrai d'un personnage à l'éthique plus que discutable, qui tua tout d'abord son amant de 16 ans, Sakabe Gozaemon (pendant qu'il prenait un bain), puis jeta en prison son frère Tadanaga (1606-1634) qui mit fin à ses jours par un suicide rituel *seppuku.*

Du haut de sa morale, Iemitsu estima que les femmes ne devaient plus monter sur la scène du Kabuki. Des adolescents et de jeunes hommes se virent alors confier les rôles féminins dans ce qui est connu sous le nom de *Wakashū kabuki.* Comme vous pouvez l'imaginer, le problème fut loin d'être résolu vu les mœurs dissolues de l'époque. En 1642, il fut décidé que les rôles féminins devaient purement et simplement disparaître du Kabuki. Mais cette mesure fut jugée excessive et les rôles de femme furent autorisés à condition d'être tenus par des acteurs masculins. *L'onnagata* vit ainsi le jour.

Cette nouvelle forme de Kabuki, entièrement masculine, s'affina et puisa dans le répertoire du théâtre de marionnettes pour lequel Chikamatsu Monzaemon (1653-1725), surnommé à juste titre le « Shakespeare japonais », avait écrit.

Aujourd'hui, il n'est plus formellement interdit aux femmes de monter sur scène, et des compagnies féminines ont même été constituées. Mais le Kabuki de haut niveau n'en reste pas moins une tradition exclusivement masculine qui tient en substance les actrices à l'écart.

Le théâtre Kabuki permet donc d'aborder une facette de l'histoire japonaise que l'influence occidentale n'a pas « contaminée » – ou assez peu touchée. En plus d'observer les danses et de suivre les magnifiques intrigues des représentations, je ne saurais trop vous recommander d'accorder toute votre attention à l'incroyable maquillage des acteurs et à leurs merveilleux costumes.

13

Découvrir l'art du Van Gogh japonais

Hokusai, Hiroshige, Kuniyoshi, Utamaro, Sharaku. Voilà des noms qui font écho en Occident. Des artistes auxquels nombre d'expositions ont été consacrées dans toutes les villes d'Europe. La *Grande vague de Kanagawa* de Katsushika Hokusai (1760-1849) est une œuvre fétiche, universellement reconnue, un peu comme *La Joconde* de Léonard de Vinci, et quiconque l'observe sait qu'elle représente le Japon, sa culture, son histoire. N'importe quel visiteur au pays du Soleil-Levant sait presque sûrement de quoi il est question et a très probablement déjà eu l'occasion d'en voir des copies. Il en va de même pour certaines des *Cent vues d'Edo* de Hiroshige ou des beautés féminines de Kitagawa Utamaro (1753-1806). D'aucuns, parmi les plus décomplexés, n'auront pas manqué d'admirer aussi les *shunga* (春画), des xylogravures érotiques, voire pornographiques, de cet artiste et de tant d'autres qui ont illustré cette incroyable approche de la vie, plus encore que de l'art, désignée sous le terme d'*ukiyo* (浮世), le « monde flottant ».
Mais l'art japonais, et les estampes en particulier, ne se limitent pas aux peintures du monde flottant, les *ukiyo-e*, entre le XVIIe et le XIXe siècle. De talentueux artistes ont également témoigné d'une remarquable puissance d'expression, même s'ils ont plus de mal à se faire reconnaître à la fois dans leur patrie et dans le reste du monde.
L'artiste parmi les plus importants, si ce n'est majeur du XXe siècle japonais fut sans nul doute Munakata Shikō.
Né en 1903 et troisième des quinze enfants d'un forgeron d'Aomori (dans le nord de la grande île de Honshū), Munakata

Shikō manifeste très tôt des prédispositions innées pour la peinture. Le petit Shikō est fasciné par les cerfs-volants, le loisir préféré des enfants japonais avant l'ère des jeux vidéo, et il entreprend d'en réaliser avec des couleurs vives non seulement pour lui, mais aussi pour ses camarades de classe. Munakata n'a cependant pas assez d'argent pour envisager une carrière artistique. À la fin de l'école primaire, il doit par conséquent rejoindre son père à la forge avec plusieurs de ses frères.
Mais à 17 ans, la chance lui sourit : il réussit à décrocher un emploi public moins contraignant qui lui permet de s'adonner à sa

passion pour la peinture en se rendant au parc pour dessiner et en fréquentant un maître.
C'est justement la rencontre avec ce professeur, Ōno Tadaaki, ou plus exactement avec un objet en possession de ce dernier qui pousse le jeune fils de forgeron à embrasser la profession de peintre. L'objet en question est une reproduction du *Vase avec cinq tournesols* de Vincent Van Gogh (1853-1890) : en la voyant, Munakata décide avec l'innocence de son âge de devenir le Van Gogh d'Aomori.
Quelques années plus tard, en 1923, Shikō alors installé à Tōkyō vend du *nattō* (haricots de soja fermentés) et répare des chaussures. Toujours fils d'un forgeron dont les enfants sont la seule richesse, le jeune Munakata parvient malgré la misère de sa situation à poursuivre avec détermination ses études de peinture. Le succès tarde à venir. Le Van Gogh d'Aomori se voit refuser plus d'une toile aux manifestations organisées dans la capitale. Jusqu'à ce qu'en octobre 1928, une de ses compositions soit admise à la Neuvième Exposition d'art impérial : une étape cruciale dans le parcours du jeune artiste de province dont l'incontestable talent est enfin reconnu.
Pourtant, au moment même où il commence à recueillir les fruits de sa pratique assidue de la peinture à l'huile, Munakata se désintéresse de cette dernière et se tourne vers quelque chose de plus ancien et de plus japonais : la xylogravure, domaine où les plus grands artistes nippons ont excellé.
L'heure est à une véritable renaissance de cet art quelque peu marginalisé par la restauration Meiji et la passion du Japon pour tout ce qui était occidental.
Le panorama artistique compte de nouveaux graveurs. Munakata demeurera notamment frappé par une estampe de 1926 intitulée *Hatsunatsu no kaze* (*Vent du début de l'été*) de Kawakami Sumio, où une femme avec un parapluie, vêtue à l'occidentale, est la cible d'un vent capricieux représenté par des traits de couleur verte qui, à bien y regarder, dessinent la silhouette d'un homme.
Munakata se forme par ailleurs chez un autre éminent artiste de son époque, Hiratsuka Un'ichi (1895-1997), et apprend l'art de la xylogravure en s'inscrivant dans le mouvement *sōsaku hanga* (創作版画, estampes créatives) qui s'oppose au courant

shin hanga (新版画, nouvelles gravures). Contrairement à ce que son nom pourrait laisser penser, ce dernier relance le classique *ukiyo-e* au regard des sujets traités, des choix esthétiques et chromatiques, et surtout de la méthode de travail associant dessinateur, graveur et imprimeur. Le premier, en revanche, opère une rupture complète avec la tradition dans la mesure où l'artiste assume seul tous les stades de production.

Munakata met très peu de temps pour s'affirmer dans la voie qui est à l'évidence la sienne. En deux ou trois ans, ses estampes commencent à apparaître dans les manifestations officielles, y compris le prestigieux Salon de l'Académie nationale de peinture Kokugakai.

1935 marque une nouvelle rencontre décisive pour l'artiste. Lors d'une exposition de la Kokugakai, le critique d'art Yanagi Muneyoshi (1889-1961) fait l'acquisition d'une de ses séries d'estampes intitulée *Yamato shi Uruwashi* pour le Nihon Mingeikan (musée d'Artisanat folklorique japonais) qu'il a contribué à fonder. Yanagi est alors le chef de file d'un très important mouvement culturel appelé *mingei* (art du peuple) qui prône la beauté esthétique typiquement japonaise des objets de tous les jours, artisanaux, réalisés par des artistes anonymes.

Ce courant sera ensuite renvoyé à une approche ultranationaliste et colonialiste, notamment par les critiques coréens. Mais ces accusations n'ont pas grand-chose à voir avec l'univers de Munakata.

Cette acquisition aura quoi qu'il en soit pour effet de propulser la carrière de l'artiste et de l'associer définitivement au mouvement *mingei*. La seconde moitié des années 1930 est une période riche en voyages et en découvertes pour Munakata qui, à Kyōto, s'intéresse à l'art bouddhique au point de marquer nombre de ses estampes ultérieures d'une empreinte liée à cette religion.

Puis, la guerre éclate. Sa maison est détruite, ainsi que la plupart des matrices de bois, et il quitte la capitale pour Kamakura, une autre ville au remarquable patrimoine artistique. La consécration internationale se produit après-guerre. En 1952, son estampe représentant deux bodhisattvas et dix grands disciples de Bouddha remporte le premier prix à l'Exposition internationale de gravure de Lugano. En 1955, il décroche le

Grand prix de la Biennale de São Paulo, et l'année suivante il est déclaré vainqueur à la Biennale de Venise.
Sa renommée internationale lui vaut de voyager aux États-Unis et en Europe. À Auvers-sur-Oise, près de Paris, il se rend sur la modeste tombe de celui qu'il a pris pour modèle dès son plus jeune âge : Vincent Van Gogh.
Munakata décède le 13 septembre 1975. Conformément à sa volonté, sa pierre tombale dans le cimetière de sa ville natale d'Aomori est identique à celle de Van Gogh.

« Avec toujours le regard pur et en hauteur, avancez dans le vaste monde de vos rêves et de vos espoirs. » Une pierre de granit située dans le parc Gappō d'Aomori porte cette phrase de Munakata gravée dans une plaque de métal avec l'incomparable calligraphie du maître.
Sa ville lui a dédié un musée inauguré en 1975 : ne manquez pas de le visiter si vous vous trouvez dans la région du Tōhoku.

Flotter comme un petit iceberg dans la mer gelée

Sera-t-il trop tard ? Les températures de la planète augmentent, le réchauffement global bouleverse le climat, les glaciers fondent. La mer qui depuis la nuit des temps gèle en hiver est de moins en moins froide. Vous faites peut-être donc partie de la dernière génération qui pourra naviguer au beau milieu du *ryūhyō* (流氷), littéralement la « glace dérivante », un flux de blocs gelés qui flottent à la surface de la mer.
Cette expérience fascinante est possible au Japon, et plus

précisément à Hokkaidō, la plus septentrionale des quatre grandes îles de l'archipel, en gagnant une fois sur place l'extrémité nord où la terre est baignée par la dure mer d'Okhotsk, poissonneuse mais rude et convoitée par plusieurs puissances.

Il s'agit de ce coin d'océan Pacifique entre la péninsule de Sakhaline et celle du Kamtchatka, bordé par le chapelet des îles Kouriles au nom double (russe et japonais), voire triple avec leur dénomination dans la langue de leur population d'origine, les Aïnous.

Nous reviendrons plus tard sur ces derniers. Il convient auparavant d'évoquer brièvement l'histoire de ce bout de mer qui, bien que reculé et inhospitalier à la mauvaise saison, a été le théâtre d'événements importants.

Depuis l'Antiquité, ces îles furent occupées par des peuples à l'identité incertaine. On parle souvent d'une « culture d'Okhotsk », par référence à des tribus de chasseurs-pêcheurs-cueilleurs.

Il est facile d'assimiler ces populations à ceux que nous appelons aujourd'hui les Aïnous, un terme n'ayant jamais figuré dans le vocabulaire d'auto-identification du peuple qui vit aujourd'hui en nombre restreint à Hokkaidō. Les classiques japonais et chinois mentionnent les Mishihase, Shukushin, Sushen.

Il s'agit probablement des mêmes tribus, auxquelles nous pourrions associer les Nivkh, un peuple plus moderne résidant dans la partie septentrionale de l'île de Sakhaline et le bassin inférieur du fleuve Amour (en Chine), ainsi que dans la taïga russe. Comme dans le cas des Aïnous, il n'en subsiste à l'heure actuelle que quelques milliers.

Il suffit d'observer les photographies prises à la fin du XIXe et au début du XXe siècle pour constater combien Aïnous et Nivkh sont proches : des populations toungouses aux modes de vie

semblables et aux nombreux traits communs. Quand, au milieu du XVIIe siècle, les Russes commencèrent à battre la mer d'Okhotsk, le premier contact avec les Japonais eut lieu. Hokkaidō n'existait pas encore, au sens où cette île (mal répertoriée par la cartographie nippone, entre autres) s'appelait Ezo, du nom des autochtones, les Aïnous d'aujourd'hui.
Lorsque les Japonais rencontrèrent les Russes, ils ne trouvèrent pas d'autre solution que de qualifier ces « sauvages » d'« Ezo rouges » (Aka Ezo, 赤蝦夷), l'épithète n'ayant pas la connotation idéologique qu'il revêtira plus tard et renvoyant tout simplement à leur uniforme.
Cette mer fit dès lors l'objet d'une rivalité où les Russes et les autres Européens présents eurent tout d'abord l'avantage, tandis que les Japonais, partiellement enfermés selon la volonté du clan shogunal des Tokugawa, se cantonnaient dans le rôle d'observateurs. Plusieurs intellectuels du XVIIIe siècle entreprirent de mieux connaître ce territoire, et même de l'explorer.
Dès les années 1730, Vitus Bering (1681-1741) – qui donna son nom au détroit – explora et cartographia la zone, un siècle après les Hollandais qui n'avaient toutefois pas réussi à dresser un tableau précis. Cinq cents ans plus tard, le Français Jean-François de La Pérouse (1741-1788) accostera à Sakhaline et réalisera qu'il s'agit d'une île. L'arrivée des Anglais date de la même époque.
Et les Japonais ? Comme indiqué plus haut, leur attention se porta également sur cette portion de mer. Explorateur, agent secret et cartographe, Mamiya Rinzō (1775-1844) ouvrit la voie. Une vingtaine d'années après La Pérouse, il dessina également Sakhaline comme une île et lui attribua le nom japonais de Karafuto. Fait marquant de son existence, il eut non pas une épouse, mais une compagne Aïnou, avec laquelle il aurait semble-t-il eu une fille.
Sans témoigner d'une quelconque considération à l'égard des populations indigènes, Japon et Russie commencèrent à se les disputer. Une série d'affrontements et de traités se soldèrent en faveur tantôt des uns, tantôt des autres. Sakhaline devint célèbre pour sa très sévère colonie pénitentiaire, qui reçut même la visite du grand écrivain et dramaturge Anton Tchekhov (1860-1904).

À l'ère Meiji, Hokkaidō (ainsi dénommée à partir de cette époque) fut intégrée au Japon et Tōkyō manifesta aussi son intérêt pour Sakhaline/Karafuto et les îles Kouriles (lesdits Territoires du Nord, ou Hoppō Ryōdo, 北方領土). Les rapports s'envenimèrent, jusqu'à la guerre russo-japonaise de 1904-1905. Avec la première victoire d'un pays asiatique sur une nation européenne, Tōkyō consolida ses prétentions sur les îles septentrionales. Sakhaline finit par être coupée en deux (les Kouriles appartenant au Japon).

Dans les derniers jours de la Seconde Guerre mondiale, l'Union soviétique se mesura au Japon pour, éventuellement, prendre le contrôle d'Hokkaidō. La puissance victorieuse se contenta finalement de garder Sakhaline et toutes les Kouriles, y compris les Kouriles du Sud situées à seulement quelques milles nautiques de la côte nippone.
Tōkyō n'a jamais renoncé à ses Territoires du Nord aujourd'hui sous contrôle de la Russie, du moins formellement. C'est la raison pour laquelle elle n'a pas encore signé un traité de paix avec Moscou, comme elle l'a fait avec tous les autres pays ennemis du second conflit mondial, dont la Chine, les États-Unis et la Corée du Sud (contrairement à la Corée du Nord). Aujourd'hui, elle ne réclame plus que les Kouriles du Sud et pourrait au besoin se contenter des îlots les plus proches du littoral. Mais les négociations sont au point mort et aucun tournant décisif ne semble se profiler. Sans avoir techniquement fait la paix, la Russie et le Japon ne sont pas en guerre et entretiennent des relations diplomatiques.

Le cadre ayant été dressé, le moment est maintenant venu de profiter du spectacle.
Le phénomène se produit entre la fin janvier, quand il est possible de voir au loin la glace qui s'approche de la côte, et le début février. Cette glace ne vient pas à proprement parler de la mer, mais du fleuve Amour qui sépare la Russie et la Chine, à environ mille kilomètres du littoral. Elle accomplit donc un long voyage. La glace flottante se forme parce que l'eau douce de l'Amour qui débouche dans la mer abaisse le taux de salinité en surface, contribuant avec le froid hivernal à la création de la

banquise. Cette nappe gelée s'étend et devient de plus en plus fine, à l'instar d'une grande tache d'huile.

Loin d'être préjudiciable aux pêcheurs vivant dans la région, le *ryūhyō* constitue une formidable ressource car il favorise la naissance et la croissance du précieux plancton indispensable à la chaîne alimentaire et rend ces mers particulièrement poissonneuses. Cette richesse halieutique est d'ailleurs l'une des raisons pour lesquelles ces eaux s'avèrent tant convoitées.

Pour vivre l'expérience en question, il suffit de se rendre à Abashiri, pour embarquer à bord d'un navire à moteur reliant cette ville à Mombetsu et naviguer au milieu de la blancheur immaculée de la banquise. Abashiri, toujours, ou le village d'Utoro proposent également de participer à des excursions sur la banquise pour observer la faune qu'elle abrite.

15

Se laisser porter par les tourbillons de Naruto

Qu'évoque le nom de Naruto ? Probablement rien de particulier aux plus vieux d'entre vous. Les autres penseront presque sûrement à un jeune ninja aux cheveux blonds qui court d'une drôle de manière. À un manga et un anime d'il y a quelques années, en somme.
Le héros du manga a bien un rapport avec l'objet de ce chapitre car il lui doit son prénom, Naruto, comme le détroit dont les spectaculaires tourbillons marins valent le détour et s'observent du haut de l'un des plus longs ponts suspendus du monde. Mais pas seulement : vous pourrez aussi les frôler en vous laissant porter par leur impétueux courant et en ayant presque l'impression qu'ils vont vous engloutir. Le tout en parfaite sécurité.
Pour vivre cette expérience, il faut descendre au sud. Et plus exactement se rendre dans la préfecture de Tokushima, à l'extrémité orientale de l'île de Shikoku, pour observer au moment propice les tourbillons depuis le pont Ōnaruto, à quarante-cinq mètres de haut, ou bien, comme indiqué précédemment, pour s'en approcher à bord d'un bateau.

Voyons donc maintenant d'un peu plus près ce qui est considéré comme l'une des merveilles de la nature japonaise. Dans la langue nippone, les tourbillons de Naruto sont désignés sous le terme de *Naruto no Uzushio* (鳴門の渦潮) et se situent dans le détroit homonyme, un canal d'environ 1,3 kilomètre de large entre la ville de Naruto et l'île d'Awaji. En ce lieu fascinant du Japon, l'eau de l'océan Pacifique rencontre la mer intérieure de Seto qui, à son tour, sépare les îles de Honshū et de Shikoku.

Trois systèmes de ponts relient Shikoku et Honshū. Celui qui nous intéresse comprend trois grands ponts : Ōnaruto, Muya et Akashi Kaikyō, le pont suspendu le plus long du monde et à ne pas manquer pour cette simple raison. L'ensemble offre une vue spectaculaire.

Nous parlerons ici plus particulièrement du pont Ōnaruto, entre l'île d'Awaji et la petite ville de Naruto, qui enjambe le détroit homonyme et surplombe les tourbillons de ce dernier.

Ce coin du Japon regorge de merveilleux sites. Donnant sur la mer intérieure, la cité de Himeji abrite par exemple le château le plus imposant et le plus beau du territoire nippon, surnommé château du Héron blanc en raison de sa couleur immaculée. Non loin se trouvent Ōsaka et Kōbe, des localités que vous aurez certainement prévu de visiter.

Chargée d'histoire et berceau de la culture nippone, cette région a connu quelques-unes des principales batailles célébrées par les contes guerriers (軍記物語, *gunki monogatari*). En observant les tourbillons colorés de ce bout de mer impétueuse, héros et combattants ont également affronté les tumultes de l'histoire, souvent aussi, voire plus dangereux.

Entre Kōbe et la ville de Naruto susmentionnée, Awaji serait la première île au monde à avoir été formée si l'on en croit la mythologie japonaise.
Cette dernière comporte en effet deux cycles de création : l'un relate la naissance des divinités (*Kamiumi*, 神産み) et l'autre, la naissance du pays, c'est-à-dire du Japon (*Kuniumi*, 国産み).
Les deux divinités créatrices – Izanagi no mikoto et sa sœur et épouse Izanami no mikoto – furent chargées par l'assemblée des dieux de créer l'archipel japonais (et ensuite de le peupler) et reçurent à cette fin un *naginata* (薙刀), une longue hampe à pointe métallique ornée de joyaux.
Les deux divinités s'acheminèrent donc sur le pont unissant le Ciel et la Terre et plongèrent cette lance dans la mer en créant un tourbillon. Lorsqu'ils la retirèrent, des gouttes d'eau salée tombèrent et formèrent l'île d'Onokoro, où ils s'établirent.
Les spécialistes ont longuement débattu de l'emplacement exact de cette île en s'appuyant sur les deux textes fondamentaux qui retracent le panorama mythologique du Japon, à savoir le *Kojiki* (古事記, *Chronique des faits anciens*) et le *Nihon shoki* (日本書紀, *Annales* ou *Chroniques du Japon*). Pour beaucoup d'entre eux, il s'agirait d'Awaji ou d'îlots à proximité. Ce n'est pas un hasard si l'île abrite un important sanctuaire *shintō* dédié à la divinité masculine Izanagi, qui y aurait son tombeau. Le monument le plus ancien de son enceinte n'en est pas moins un vénérable camphrier âgé de 800 à 900 ans.
Au-delà de la mythologie, Awaji a toujours été un centre crucial. Quand le Prince resplendissant Genji, héros du *Genji monogatari* (*Le Dit du Genji*), la plus grande œuvre littéraire du Japon antique, fut exilé à Suma (aujourd'hui Kōbe), il défaillit en voyant au loin Awaji et composa les vers suivants :

> Je regarde avec tristesse
> l'île d'Awaji,
> ravi par son charme,
> sous la lumière de la lune,
> en cette claire et vive nuit.

Écrit par Murasaki Shikibu, ce chef-d'œuvre narrant la vie du Don Giovanni japonais est également considéré par la plupart comme le tout premier roman de l'histoire de la littérature mondiale. L'histoire qui, je le disais plus haut, a laissé de nombreuses traces à Awaji et dans les îles séparant Honshū de Shikoku, serait longue à raconter. Il convient cependant de signaler un autre site séduisant dont le monument moderne mérite une visite. Nous avons parlé du Grand Bouddha Ushiku, dans la préfecture d'Ibaraki, qui compte parmi les plus hautes statues du monde. Mais le record était auparavant détenu par une autre sculpture bouddhiste japonaise : la statue de Kannon géante de la Paix mondiale. Mesurant quatre-vingts mètres, elle fut construite en 1982 par un homme d'affaires japonais et dévot bouddhiste. Bien qu'elle se dresse encore aujourd'hui, elle a été abandonnée à son sort en 2006.

Revenons maintenant aux tourbillons de Naruto.

Ils résultent de la marée qui crée une différence de niveau entre la mer intérieure de Seto et l'océan Pacifique. L'eau se déverse alors en trombe depuis le côté où la marée est la plus haute vers le côté où la marée est la plus basse par l'étroit canal de Naruto, quatre fois par jour. Les marées de printemps engendrent les tourbillons les plus impressionnants qui atteignent parfois vingt mètres de diamètre. Si vous avez la chance de profiter d'une belle journée, embarquez à bord du bateau qui vous y mènera pour vivre une expérience inoubliable.

À condition, toutefois, de ne pas souffrir du mal de mer.

16

Boire le meilleur saké du monde

Si vous ne buvez jamais d'alcool, sautez ce chapitre. Dans le cas contraire, vous apprécierez ces lignes fournissant tous les renseignements nécessaires pour déguster le meilleur saké du Japon, et donc du monde.
Comme vous pouvez l'imaginer, discuter avec un Japonais pour savoir quel est le meilleur saké du pays revient à demander l'adresse du meilleur jambon-beurre à un Parisien ou bien celle de la meilleure bouillabaisse à un Marseillais. Vous obtiendrez une multitude de réponses, chacun de vos interlocuteurs vous indiquant son saké préféré ou le terroir d'origine de ce dernier.
N'étant pas un expert de cette boisson alcoolisée, je me contenterai de mentionner la province apparemment la plus renommée pour sa production, étant bien entendu qu'il est possible de trouver un excellent saké à peu près partout au Japon et que la qualité de ce que vous boirez dépendra aussi de la somme déboursée à cette fin. Une bouteille haut de gamme peut coûter jusqu'à plusieurs centaines, voire milliers d'euros. Il en va d'ailleurs de même pour d'autres produits de luxe, vin compris.
S'agissant de la région, sachez qu'il existe trois principaux

« royaumes du saké », c'est-à-dire des provinces affichant d'illustres traditions en la matière. Mais avant de vous les citer, je souhaiterais vous présenter l'univers de la seconde boisson alcoolisée la plus prisée des Japonais, après la bière.

Edwin O. Reischauer (1910-1990), ancien ambassadeur des États-Unis au pays du Soleil-Levant et éminent historien, n'hésita pas à déclarer que « le saké fait partie de l'âme du Japon ». Un jeu de mots facile pourrait nous amener à parler d'« esprit » du Japon.

Voyons plus précisément de quoi il est question. Le saké est une boisson à base de riz débarrassé de sa balle et fermenté, sans ajout d'alcool. Attention, néanmoins : pour les Japonais, saké est un terme générique désignant toutes les boissons alcoolisées, notamment le vin et la bière. Le mot s'écrit avec l'idéogramme 酒, qui a une autre lecture sino-japonaise : *shu*. Le saké japonais classique est le *nihonshu* (日本酒, alcool japonais), voire le *seishu* (清酒, alcool clair). S'y ajoutent par ailleurs d'autres boissons alcoolisées traditionnelles dans différentes régions du Japon et une multitude de variantes du saké sur lesquelles nous reviendrons bientôt.

La culture du saké s'est bien évidemment développée avec l'exploitation du riz dans des champs irrigués, notamment. L'arrivée de la riziculture – en provenance de Chine et de Corée – est historiquement attestée au Japon durant l'ère Yayoi (300 av. J.-C.-250 apr. J.-C.). Elle s'accompagna également de l'introduction de méthodes de fermentation de la céréale déjà en vigueur en Chine.

Pour que son amidon se transforme en alcool, le riz a besoin d'un agent de fermentation. Au Japon, c'est un champignon qui remplit cette fonction : le *kōji* (*Aspergillus oryzae*), qui intervient aussi dans la fermentation de la sauce soja, du *miso* et du vinaigre de riz. Nul ne sait vraiment quand cette production s'affirma ; les historiens ont tendance à situer le début de la culture du saké à la période Nara, au sein de la cour impériale qui abritait une brasserie (*kuramoto*, 蔵元, ou simplement *kura*). Au départ, il était vraisemblablement offert aux *kami* (divinités) lors de cérémonies religieuses et il occupe encore une place importante dans de nombreuses cérémonies *shintō*. Il s'imposa ensuite parmi les nobles en tant que boisson alcoolisée, constituant un produit de luxe qui n'était pas à la portée de tout le monde.

Au Moyen Âge, avec la création d'une société plus articulée et décentralisée et l'essor d'une culture urbaine et marchande, sa consommation ne cessa de s'étendre. Aux Xe-XIe siècles, le saké sortit du cadre de la capitale impériale, l'actuelle Kyōto, et des *kura* privées commencèrent à apparaître, suscitant un conflit entre les corporations (*za*) liées aux sanctuaires, qui détenaient traditionnellement le monopole de la production, et les nouveaux brasseurs particuliers. En 1444-1445, on en vint aux armes et le gouvernement shogunal – qui s'était rangé du côté des producteurs privés – envoya ses soldats contre le sanctuaire de Kitano, dans la capitale, cette action se soldant par la mort de quarante membres de la corporation et l'incendie de la structure religieuse (ainsi que d'une bonne partie de la ville). Les *za* furent définitivement abolies à la période Edo.

Cette libéralisation entraîna une baisse des prix et une diffusion croissante du saké, au point qu'au XVIIe siècle le gouvernement du clan Tokugawa à la tête du pays dut fixer des limites précises à la production, car le riz servait avant tout de nourriture et pas seulement à la fabrication d'alcool. Le système appelé *kan-zukuri* prévoyait de restreindre cette dernière à la période allant d'octobre à mars. Les ouvriers exerçant cette activité provenaient du monde agricole et étaient donc des « saisonniers ». Beaucoup de gens acquirent alors le savoir-faire en la matière et développèrent encore plus la production, en créant des variantes locales. Les *kura* finirent ainsi par se multiplier et les quantités de riz destinées à la fabrication de saké augmentèrent, suscitant des déséquilibres. Le shogunat et les seigneurs féodaux furent donc contraints d'imposer des règles très strictes pour rétablir – c'est le cas de le dire – un minimum de sobriété.

L'ouverture du pays à la fin de l'époque féodale s'accompagna d'une libéralisation qui se traduisit par un accroissement supplémentaire des volumes, le saké devenant le deuxième produit le plus important de l'économie nippone après, bien évidemment, le riz. Mais la modernisation imposée par le gouvernement Meiji nécessitant des fonds, le secteur se vit criblé de taxes à l'origine d'une crise entre la fin du XIXe et le début du XXe siècle. Pour soutenir l'industrie, véritable poule aux œufs d'or, le gouvernement promulgua par ailleurs des lois limitant la production « maison » du saké. Et nous voilà plus ou moins arrivés à l'époque actuelle. Au XXe siècle, surtout après la Seconde Guerre mondiale, le saké commença à souffrir lourdement de la concurrence des boissons alcoolisées occidentales : bière, spiritueux et, plus récemment, vin. À en croire la presse nippone, une reprise semblerait néanmoins avoir eu lieu ces dernières années, avec un retour des jeunes vers le *nihonshu*.

Comme nous l'avons vu, saké est un terme désignant les boissons alcoolisées en général, et le *nihonshu* lui-même revêt trois degrés de raffinage, le premier étant le plus prisé et le troisième (*nigorizake*), celui de qualité inférieure. Il existe en outre un saké à base de canne à sucre, appelé *shōchū* (焼酎), qui peut aussi être élaboré avec des pommes de terre, auquel cas il prend le nom d'*imojōchū*.

Le moment est maintenant venu de lever le voile sur les trois provinces où se rendre pour déguster les meilleurs sakés. Les brasseries ouvrent souvent leurs portes sur réservation, permettant aux visiteurs non seulement d'observer le travail accompli en leur sein mais aussi de savourer leur production. Mieux vaut cependant ne pas prévoir trop de visites pour une seule journée. Inutile de préciser pourquoi !
Le premier endroit incontournable est bien entendu Kyōto, et plus particulièrement le quartier de Fushimi qui abrite une quarantaine de fabriques traditionnelles de saké.
Vient ensuite Kōbe et le quartier de Nada, considéré comme le pôle de la production de saké au Japon et le berceau du principal clan *yakuza* de la mafia nippone, le Yamaguchi-gumi.
Et pour finir, la province de Niigata, plus au nord, réputée pour la qualité de son riz, et donc de son saké. Elle compte environ quatre-vingt-dix brasseries, pour la plupart anciennes et ouvertes à la visite. En vous y rendant au mois de mars, vous pourrez même participer au Festival du saké (*Sake no Jin*) et découvrir alors plus de cent cinquante étiquettes.
Kanpai !

17

Gravir le mont Fuji, symbole du Japon

Ne l'appelez pas Fuji-Yama mais, comme au Japon, Fuji-San (富士山, Monsieur Fuji), l'idéogramme 山 dans un mot se lisant *san* et non plus *yama*, qui signifie « montagne » lorsqu'il est tout seul. Avec sa forme parfaitement symétrique et son cône régulier, ce volcan sacré, emblème du Japon, ravit Japonais et étrangers et inspire depuis toujours un mélange d'admiration et de crainte. Aussi célèbre et omniprésent soit-il dans l'imaginaire collectif à la seule évocation du Japon, le mont Fuji n'en est pas moins insaisissable.

Pour commencer, linguistes et spécialistes s'affrontent pour fournir une étymologie crédible au nom Fuji. Au XIXe siècle, un missionnaire britannique tenta de rattacher cette dénomination à la déesse du foyer des Aïnous, Kamui Fuchi. Son interprétation fut bien entendu rejetée par les linguistes nippons. D'autres y ont vu un dérivé de l'arc-en-ciel qui, en japonais, se dit couramment *niji*, mais aussi *fuji*. L'unanimité ne règne donc pas en la matière.

Par ailleurs, il ne s'agit pas d'un simple volcan, mais d'un volcan composite ou, comme diraient les géologues, un stratovolcan. Sa silhouette actuelle parfaitement modelée par des coulées de lave daterait de dix mille ans. En 1707, année de la dernière éruption, elle fit l'objet d'un petit lifting avec la formation d'un nouveau cratère sur le versant méridional.

Cette montagne est vénérée par différentes religions, à commencer par l'ensemble des cultes originels du Japon, le *shintō*. En 806, ordre fut donné de construire un grand sanctuaire pour tenter d'apaiser la divinité irascible et destructrice qui occupait

le site. Il s'agit du Fujisan Hongū Sengen-taisha. La montagne est habitée par Konohanasakuya-hime (Princesse des cerisiers en fleur), associée au *sakura*, la fleur de cerisier. C'est elle qui empêcherait le mont Fuji, lui aussi déifié sous le nom d'Asama no Ōkami, d'entrer en éruption. Mais la Princesse ne parvient pas toujours à ses fins et le mont Fuji a connu plusieurs éruptions dans le passé, rien ne garantissant qu'il ne s'en produise pas d'autres à l'avenir.

Une autre religion a croisé la route du mont Fuji : le taoïsme d'origine chinoise. Une histoire tirée des anciens textes chinois veut que le premier empereur Qin Shi Huangdi (259-210 av. J.-C.) ait envoyé l'alchimiste et explorateur Xu Fu sur les mers orientales, avec une flotte imposante et des milliers d'hommes, en quête des Trois Montagnes des Immortels d'où rapporter l'élixir de longue vie au souverain despotique. À sa seconde tentative, Xu Fu ne regagna pas sa patrie. Nul ne sait s'il trouva une meilleure situation ou s'il avait tout simplement trop peur de retourner auprès de l'empereur notoirement connu pour ne pas faire preuve d'indulgence en cas d'échec. Quoi qu'il en soit, une des chroniques dynastiques chinoises rédigées bien des siècles plus tard rapporta que Xu avait accosté au Japon et considéré le mont Fuji comme l'une des trois montagnes, le Penglai, demeure des Huit Immortels de la mythologie.

Les histoires, chacun sait, ont la vie dure. Ce lien entre le mont Fuji et l'immortalité réapparaît dans la littérature et le folklore japonais avec le *Conte du coupeur de bambous* (竹取物語, *Taketori monogatari*) datant du Xe siècle. Dans ce récit bien connu, une très belle enfant, la princesse Kaguya, est découverte dans un bambou. Une fois devenue grande et, comme cela arrive toujours dans les fables, d'une exceptionnelle beauté, elle refuse tous les prétendants et les soumet à des épreuves insurmontables. Et quand l'empereur du Japon en personne demande sa main, il se voit lui aussi éconduit et doit s'en retourner bredouille à la cour. La princesse, qui est à l'évidence un être surnaturel, rentre ensuite chez elle, sur la Lune, laissant néanmoins le fameux élixir de longue vie à l'intention du souverain. Mais en amoureux repoussé et désespéré, celui-ci décide de ne pas en user et le jette même dans la bouche flamboyante du mont Fuji. L'histoire incita d'ailleurs plusieurs spécialistes à émettre l'hypothèse selon laquelle le nom Fuji dériverait en réalité de la lecture de deux idéogrammes qui, ensemble, signifient « immortalité » (不死, *fushi*).

La troisième religion vénérant le mont Fuji est le bouddhisme. Les sectes Tendai et Shingon, en particulier, ont toujours eu l'habitude de construire leurs monastères dans les montagnes. En incorporant des éléments du taoïsme et du shintoïsme, le bouddhisme forgea une nouvelle religion syncrétique, le Shugendō. Au XIIe siècle, un moine dénommé Matsudai Shōnin fut le premier à gravir la montagne pour y bâtir un temple.

Il ouvrit ainsi la voie aux alpinistes du futur et les fidèles du Shugendō entreprirent dès lors l'ascension. Au fil du temps, la standardisation du parcours et la création de refuges jetèrent les fondements du pèlerinage sur le mont Fuji que certains adeptes du Shugendō élevèrent même au rang de divinité suprême au XVIe siècle.

Le mont Fuji devint le symbole du panorama japonais à la période Edo, quand l'actuelle ville de Tōkyō fut choisie comme capitale shogunale. Le fondateur du *bakufu* (幕府, gouvernement de la tente) était Tokugawa Ieyasu, à l'origine d'un ingénieux système appelé *sankin-kōtai* (参勤交代) visant à appauvrir, affaiblir et maintenir sous sa coupe les autres feudataires (大名, *daimyō*), de façon qu'ils ne puissent pas défier le pouvoir de son clan. Dans la pratique, les seigneurs féodaux étaient tenus de résider tour à tour à Edo, au service du shogun, et dans leur fief, auquel cas ils devaient laisser leur famille en otage dans la capitale shogunale.

Ces *daimyō* se déplaçaient à chaque fois avec toute leur suite, en de très luxueux cortèges et sur des routes aménagées à cet effet, comme le Tōkaidō (東海道, route de la mer de l'Est) reliant la capitale au Kansai, et plus particulièrement à la capitale impériale Kyōto. Cet axe de circulation longeait d'un côté la mer, et de l'autre la splendide masse du mont Fuji. Cette période coïncida avec le développement du tourisme et l'essor d'une véritable littérature de voyage. À cette époque, toujours, le mont Fuji commença à être représenté sous tous les angles par les maîtres de la xylographie artistique *ukiyo-e*. En 1829, Hokusai réalisa sa série d'estampes intitulée *Trente-six vues du mont Fuji*, parmi lesquelles figure également *La Grande Vague de Kanagawa*, une autre icône du Japon qui se retrouve sur les nouveaux passeports japonais depuis 2020. Hokusai publia aussi par la suite les *Cent vues du mont Fuji*.

Avec l'arrivée des étrangers au Japon à partir de 1854, la fascination pour le mont Fuji devint internationale et l'un des principaux promoteurs d'un tel engouement fut le photographe italien Felice Beato (1832-1909). Beato suivit en quelque sorte les traces des maîtres de l'*ukiyo-e* le long du Tōkaidō en prenant des clichés du mont Fuji sous différents points de vue.

À l'ère Meiji, le Japon entreprit de soigner son « image » à l'étranger et le gouvernement nippon s'appuya sur le stéréotype occidental assimilant le pays du Soleil-Levant à une terre mystique et harmonieuse. Avec son cône parfait, le mont Fuji devint le symbole de l'unicité japonaise et revêtit une signification patriotique et nationaliste qu'il n'avait, à dire vrai, jamais eue auparavant. Comment, dès lors, résister à l'idée de gravir cet emblème, de grimper sur le dos de cette gigantesque divinité culminant à 3 776 mètres d'altitude et inscrite au Patrimoine mondial de l'Unesco ? Sachez cependant que l'ascension n'est possible qu'au printemps, de juillet à septembre, quand les sentiers sont ouverts. Pensez par conséquent à consulter le calendrier correspondant et le site Internet officiel fournissant toutes les informations, les règles et les conseils de sécurité : http://www. fujisan-climb.jp/en/.

Il suffit ensuite de s'organiser et de se mettre en route. Si Monsieur Fuji vous accueille avec grâce, il pourra même vous réserver une pépite. Au couchant – à des heures bien précises qui dépendent du point d'observation – le soleil s'aligne à un moment donné avec le cratère et semble littéralement plonger à l'intérieur. Connu sous le nom de « Fuji de diamant » (*daiyamondo-fuji*, ダイヤモンド富士) car le soleil a alors l'éclat d'un diamant, ce phénomène est visible surtout entre l'automne et l'hiver. Et pas besoin de se rendre sur place pour profiter du spectacle, plusieurs endroits de Tōkyō permettant d'y assister, à commencer par la Tōkyō Skytree, l'observatoire de Roppongi Hills ou bien encore la tour de Tōkyō. Un point de vue en hauteur, en somme, qui ne risquera pas de vous décevoir par temps clair.

18

Se rendre dans la ville des fantômes et des monstres

Malgré sa réputation bien méritée de pays à la pointe de la technologie, le Japon est également une terre où esprits et lutins, dieux volubiles et fantômes, monstres étranges et animaux fantastiques rivalisent dans l'imaginaire avec robots et ordinateurs.

La richesse de l'univers des contes et légendes déborde souvent des récits des vieux paysans pour envahir la « haute » littérature et même, plus récemment, la chronique, en colorant la vie des Japonais plus qu'on pourrait le penser en y prêtant une attention distraite. Il suffit d'entrer dans un musée d'art nippon pour découvrir combien l'imaginaire des Japonais, artistes compris, est pétri de ces événements et l'importance que ces derniers revêtent dans l'existence, aujourd'hui comme hier. La simple évocation des monstres qui, au Japon, s'appellent *yōkai* (妖怪) renvoie à un monde antique, rural, paysan. À tort, car l'univers des *yōkai* est encore très présent tant dans la culture populaire que dans la vaste imagination collective. L'un des cas les plus connus de signalement multiple de monstres au pays du Soleil-Levant date des années 1970-1980, quand il y eut soudain une sorte d'épidémie de rencontres avec Kuchisake-onna (口裂け女), la « femme à la bouche fendue ». Il s'agissait d'une magnifique jeune femme qui se promenait dans la rue en portant un masque. Aux malheureux qui la croisaient, elle posait la question fatidique : « Suis-je belle ? » En cas de réponse affirmative, Kuchisake-onna ôtait son masque en révélant un visage horriblement défiguré par une bouche fendue d'une oreille à l'autre et affichant un sourire grotesque. L'origine de cette balafre fit l'objet des théories les plus disparates : punition d'un amant jaloux, fruit d'une opération de chirurgie esthétique ratée qui avait plongé la jeune fille dans la folie. Lorsqu'elle se montrait sous son vrai jour, elle demandait : « Et comme ça, suis-je encore belle ? » Une réponse négative équivalait à un arrêt de mort, cependant qu'une réponse positive incitait Kuchisake-onna à lacérer la bouche de sa victime pour la rendre aussi belle qu'elle.

Une légende urbaine, comme on se plaît à le croire. Mais entre la fin des années 1970 et le début des années 1980, les signalements furent vraiment nombreux et occupèrent plus d'une fois le petit écran. Une psychose finit presque par se répandre, et

la police croula sous les appels concernant Kuchisake-onna qui aurait été vue çà et là dans le pays.
Cette affaire témoigne de la vigueur de cet univers fantastique qui a traversé les siècles et est encore aujourd'hui capable de nous fasciner avec ses histoires souvent issues de la superposition des imaginations de plusieurs individus qui, chacun, contribue à bâtir un monde où les créatures les plus bizarres sont non seulement envisageables, mais ont pleinement droit de cité.
Le catalogue des monstres, fantômes et animaux fantastiques est infini au Japon. Des dictionnaires aident à s'y retrouver entre renards qui dansent sous les traits de belles femmes se nourrissant d'êtres humains, araignées anthropophages, grenouilles à l'apparence humaine qui jouent aux échecs, etc. L'imagination de millions de Japonais de toutes les époques s'est employée à créer les personnages les plus singuliers, en leur conférant des sentiments humains : colère, gentillesse, rancœur, tristesse. Comme toujours, parler de monstres revient au fond à parler de nous-mêmes.

Il existe un endroit en particulier à visiter absolument pour ressentir la présence de ces entités à moitié humaines. Il se trouve dans la région du Tōhoku, qui est sans nul doute celle où le monde du visible entre intimement en contact avec celui de l'invisible au Japon. La ville s'appelle Tōno et s'avère étroitement liée au plus éminent spécialiste du folklore nippon : Yanagita Kunio (1875-1962).
Tōno est une petite cité comptant moins de trente mille habitants, d'origine très ancienne et à l'histoire mouvementée. Lors des différentes guerres ayant marqué le passé japonais, son territoire fut souvent le théâtre de conflits claniques. Occupant un emplacement stratégique entre les principaux centres de Morioka et Hanamaki, elle prospéra jusqu'à l'époque de Meiji, quand écartée du tracé des lignes de chemin de fer, elle déclina inexorablement. Au même moment Yanagita Kunio publiait les *Contes de Tōno* (遠野物語, *Tōno monogatari*), un livre dont le succès ne se dément toujours pas.
La présence de tant de monstres dans l'imaginaire de la population locale pourrait – il s'agit là d'une simple hypothèse –

constituer une réminiscence du passage des indigènes Emishi – souvent assimilés aux actuels Aïnous, même si la réalité est plus complexe – aux Japonais modernes. Pour le peu que nous en savons, les peuples autochtones vaincus ont toujours été « monstrifiés », décrits comme des monstres dans le Japon antique. En 1910 Yanagita, fonctionnaire au ministère de l'Agriculture et passionné de folklore, conçut un ouvrage reposant sur les histoires recueillies par un érudit de Tōno, Sasaki Kizen (1886-1933). Le *Tōno monogatari* qui vit ainsi le jour est considéré comme l'acte de naissance des études ethnologiques au Japon. Mais il s'agit surtout d'un livre qui ne vieillit pas, avec ses vives histoires fantastiques que la population de Tōno jugeait véridiques.

Des hommes ayant en permanence peur d'un éventuel désastre, d'une guerre, d'un fléau, exprimaient leur inquiétude au travers du fantastique. Voilà ce que Yanagita voulait toucher du doigt en creusant au plus profond de l'esprit humain.

Parmi les *yōkai* mentionnés dans le *Tōno monogatari*, les principaux sont les *zashiki warashi* et les *kappa*.

Les *zashiki warashi*, ou esprits du foyer, revêtent habituellement l'apparence de petits garçons, mais parfois aussi de jeunes filles. Typiques de la région du Tōhoku, ils se manifestent par des taquineries, des bruits, et leur apparition directe est signe de malheurs pour le foyer en question.

Le *yōkai kappa* est quant à lui lié à l'eau, où il vit. C'est une étrange créature, un peu enfant, un peu amphibie, avec un drôle de museau en bec d'oiseau, d'une couleur allant du marron au vert. La tête a une étrange forme concave, avec un creux rempli d'eau, vitale pour le *kappa*. Dans la mesure où il est considéré comme très dangereux (attention, il est anthropophage !) et en même temps extrêmement bien élevé, le meilleur moyen de s'en débarrasser consiste à le saluer d'une profonde inclinaison : il s'inclinera à son tour, l'eau sur sa tête tombera par terre et vous pourrez déguerpir.

Les *kappa* sont en outre les héros de l'un des plus séduisants récits de la littérature japonaise du XXe siècle, écrit par le grand et malheureux Akutagawa Ryūnosuke (1892-1927).

Il s'agit d'une nouvelle satirique sur un malade mental (auquel l'auteur s'identifiait probablement) qui, ayant perdu son chemin, se retrouve au pays des *kappa*, un monde ressemblant vraiment beaucoup à la société japonaise contemporaine qu'il méprisait tant.

À Tōno, le *kappabuchi* est un petit étang où résideraient ces créatures malicieuses.
La ville a misé essentiellement sur le folklore et gardé maisons et structures traditionnelles donnant un avant-goût de cet univers. En février, le *Tōno mukashibanashi matsuri* (Festival des contes folkloriques de Tōno) rassemble des conteurs du Japon tout entier. Pour apprécier pleinement l'occasion, il faudra bien entendu connaître le japonais. Demandez au besoin de l'aide à un *kappa* !

Aller voir les singes se baigner dans les sources thermales

Avec les nombreux reportages photographiques et télévisés dont il a fait l'objet, ce phénomène est désormais connu dans le monde entier. Ne vous attendez donc pas à jouir de la paix et du silence que seul un site à l'écart du tourisme de masse peut offrir. Mais le cadre est séduisant, et puis il faut au moins les voir une fois dans sa vie. Qui donc ? Et bien les singes qui ont pris l'habitude de se baigner dans les sources thermales en évinçant les intrus humains. Et sans même s'acquitter d'un billet d'entrée.
Pour cela, il faut se rendre dans un parc appelé Jigokudani (地獄谷, Vallée de l'enfer) dans la province de Nagano, qui est un peu l'équivalent japonais du Jura français : froid, air pur, neige, randonnée, ski et... eaux chaudes thermales. Car si les hommes apprécient tout cela, pourquoi en irait-il autrement pour leurs plus proches cousins ?

Les singes vivant à l'état sauvage au Japon sont désignés sous le terme de *nihon-zaru* (日本猿) qui signifie « macaque japonais ». Le nom scientifique est *Macaca fuscata*. D'aucuns parlent également de « macaque des neiges » car ces animaux se sont adaptés à la vie aux basses températures, dans la neige justement. Les macaques japonais sont par ailleurs les primates qui se rencontrent aux altitudes les plus élevées, exclusion faite évidemment de leurs encombrants cousins humains.
Les mâles pèsent en moyenne à peu près onze kilos, tandis

que les femelles sont plus légères, atteignant d'ordinaire huit à neuf kilos. Mâles et femelles dépassent généralement cinquante centimètres de haut, les secondes revêtant la plupart du temps une taille un peu plus réduite.

Leur belle face oscille entre le rose et le rouge, cette couleur étant aussi celle de leur postérieur. Le reste du corps est recouvert d'un pelage marron clair tirant sur le gris. La queue a une longueur équivalant grosso modo à un tiers du corps. Ces singes vivent une trentaine d'années, les femelles ayant une longévité légèrement supérieure. Ils forment des troupes matrilinéaires de vingt à trente individus, avec des femelles sédentaires et des mâles qui, dès leur plus jeune âge, se mettent en quête d'une nouvelle tribu. Chacun sait que le dynamisme et l'audace sont le propre de la jeunesse !
Le chef du groupe est, comme chez d'autres espèces de primates, le mâle alpha. Mais les femelles ont également à leur tête une dominante, en principe une des plus jeunes adultes. Si l'on en croit les études, le choix du mâle avec lequel s'accoupler revient à la femelle, qui a environ quatre partenaires durant la saison des amours. De son côté, le mâle alpha tend à avoir des rapports sexuels plus longs et à perturber ceux de ses subordonnés. L'homosexualité féminine n'est pas rare. Ces singes ont en somme une bisexualité heureuse.
La femelle met bas après cinq ou six mois de grossesse, au sol et dans un endroit isolé. Au bout de quelques semaines, le petit est en mesure de consommer des aliments solides - les macaques japonais mangent des fruits, mais ne dédaignent pas les insectes ou les œufs d'oiseau - et, trois ou quatre mois plus tard, de se déplacer tout seul. C'est toujours sa mère qui prend soin de lui, même s'il arrive dans certains cas qu'une autre femelle, voire le mâle lui-même, ait le droit de s'en occuper.

Il s'agit d'une espèce animale extrêmement intelligente. Des expériences ont démontré que les macaques japonais sont capables de traiter certaines denrées - laver des patates douces dans l'eau, par exemple - et même si cela peut paraître étrange, ils se plaisent à faire des boules de neige.
Ces comportements culturels se diffusent au sein des troupes

par imitation, comme chez les primates humains, en quelque sorte, même si certains ont assimilé le processus à un phénomène beaucoup plus mystérieux qualifié de « théorie du centième singe ».

Sur l'île de Kōjima (sud du Japon), une importante étude fut menée dans les années 1950 sur les macaques établis dans cette zone, pour observer les changements de comportement entre les individus. Au milieu des années 1970, deux scientifiques s'appuyèrent sur ces recherches pour formuler une thèse selon laquelle une fois que la transmission de nouveaux comportements a atteint la masse critique d'une centaine de singes, elle devient un patrimoine commun. L'histoire des macaques prenant un bain dans l'*onsen* est souvent invoquée comme la preuve la plus éclatante du bien-fondé de cette théorie que la majorité des primatologues jugent cependant pseudo-scientifique.

Mais comment se fait-il que les macaques soient les principaux clients de l'*onsen* de Jigokudani ?
Dans les années 1950, Nagano commença à développer sa politique touristique en aménageant des pistes de ski. Hommes et macaques ont sans nul doute beaucoup de traits communs, mais ces derniers n'ont pas encore appris à maîtriser slalom et descente libre. Ils préfèrent ne pas être dérangés et rester tranquillement dans la forêt. L'arrivée des passionnés de sports d'hiver fut donc pour eux synonyme de migration et les obligea à descendre plus bas.

Mais une fois parvenus à des altitudes inférieures, ils rencontrèrent d'autres humains, moins sportifs : les paysans. Comme dit précédemment, les macaques japonais sont frugivores et ils ne tardèrent pas à apprécier les vergers plantés par les agriculteurs locaux qui, peu enclins à faire la charité à leurs cousins poilus, demandèrent avec une certaine insistance aux autorités de leur permettre de chasser les singes.
Alertés, les écologistes mirent tout en œuvre pour tenter de sauver les macaques. Parmi eux, un cheminot dénommé Hara Sogo s'employa à déplacer un groupe de singes en l'attirant avec des pommes plus ou moins selon la méthode éprouvée du Petit Poucet.
À Jigokudani se trouvait une auberge de style japonais (*ryōkan*), dotée d'un agréable *onsen* pour ses clients (humains). En accord avec les écologistes, il fut décidé qu'elle servirait de refuge aux macaques. Le transfert s'acheva en 1963 et les singes colonisèrent avec bonheur le secteur.
Le hasard voulut qu'une des pommes de Hara se retrouve dans une cuve thermale et une jeune femelle s'y jeta pour récupérer le fruit convoité.
Plonger l'effraya beaucoup, mais une fois dans l'eau à quarante-trois degrés centigrades alors qu'un froid hivernal régnait dehors, elle s'abandonna au plaisir que lui procurait sa situation. Elle se garda donc bien de sortir aussitôt de la cuve. Voyant la scène, les autres jeunes singes furent tout d'abord perplexes, ce qui est parfaitement compréhensible, avant de réaliser que leur congénère prenait du bon temps. Ils entreprirent alors de l'imiter : très vite, toutes les femelles du groupe

se jetèrent à l'eau et profitèrent d'un délicieux bain réconfortant dans l'*onsen*.
Une fois colonisée par les macaques, l'auberge dut bien évidemment réserver la cuve à l'usage exclusif des singes, pour des raisons d'hygiène. Ainsi naquit le Parc naturel des singes de Jigokudani, où il est encore aujourd'hui possible de se rendre pour voir comment de beaux macaques japonais ont pris possession d'une station thermale.
Le site est particulièrement charmant, mais pas vraiment accessible à tout le monde. Le parc comporte des sections un peu escarpées, impossibles à emprunter en fauteuil roulant.
Il est interdit de donner à manger aux macaques. Les visiteurs pouvaient autrefois nourrir les animaux, mais force fut de constater que cela les rendait légèrement agressifs.

On a donc préféré mettre fin à cette expérience. Les macaques sont désormais habitués à la présence humaine, de sorte qu'ils se laissent observer de près, sans entraves spécifiques. Jigokudani étant néanmoins un lieu de conservation et non, théoriquement, une attraction touristique, et les macaques étant des animaux sauvages, il convient de respecter les règles édictées par la direction.

20

Pénétrer à l'intérieur du Bouddha du Futur

Kamakura fut l'une des capitales du Japon combattant, et plus exactement la première capitale de cette institution connue sous le nom de *bakufu* (幕府), ou gouvernement de la tente placé sous la direction du shogun, le chef militaire du pays. Une période de l'histoire japonaise allant de 1185 à 1333 porte également cette dénomination. Un siècle et demi où Kamakura, qui fait aujourd'hui partie de la mégalopole appelée Tōkyō, s'est remplie de riches et puissants temples, d'œuvres d'art que l'on peut encore admirer. La plus célèbre de ces dernières est sans aucun doute le Daibutsu (大仏, Grand Bouddha) qui doit absolument figurer sur la liste des choses à voir au Japon.

Mais comment une ville éloignée de ce qui était, dans l'Antiquité, le cœur du pouvoir japonais, à savoir Kyōto, est-elle devenue la capitale *de facto* du Japon ?
L'époque Heian de la société courtoise avait pris fin. Les clans nobles étaient de plus en plus ramifiés et les branches les plus périphériques, souvent envoyées dans les provinces pour gouverner au nom de la cour impériale, étaient devenues des clans guerriers. Les conflits et les rivalités qui, à la cour, se résolvaient par l'intrigue, la médisance et, à la limite, l'assassinat politique, se muèrent alors en *casus belli.*
Deux clans en particulier, Genji (ou Minamoto) et Heike (ou Taira), s'armèrent l'un contre l'autre pour dominer l'ensemble du pays. Entre 1180 et 1185, ladite guerre Genpei (appellation formée par la contraction des noms des deux familles) dressa le

cadre du plus grand roman épique de l'histoire de la littérature japonaise, *Heike monogatari* (平家物語, *Le Dit des Heike*).
Un chef militaire sortit vainqueur de ce mémorable et sanglant affrontement, Minamoto no Yoritomo (1147-1199), qui se proclama (avec néanmoins la légitimation formelle de l'empereur) *Seii taishōgun* (征夷大将軍, généralissime chargé de la pacification des barbares) en dépoussiérant un titre de l'Antiquité couramment simplifié en shogun (将軍, général).
Yoritomo était un homme impitoyable qui réduisit même son frère Minamoto no Yoshitsune (1159-1189) au suicide rituel, ce dernier demeurant dans la tradition littéraire l'archétype du héros romantique : jeune, beau et sans peur. Mais la principale caractéristique de Yorimoto était sans doute le pragmatisme. S'il y a bien une chose qu'un chef guerrier doit craindre, c'est de voir ses hommes céder aux mollesses de la cour. Une force composée de rudes combattants n'a pas sa place au sein des dynamiques, des rituels, des intrigues, des byzantinismes. Voilà pourquoi il décida d'établir sa base militaire à bonne distance de Kyōto, la capitale impériale.
Et il choisit Kamakura.

Voyons maintenant plus précisément comment Kamakura devint un pôle avant tout religieux, où une nouvelle forme de bouddhisme s'implanta par opposition à celle, traditionnelle, de Heian qui était essentiellement un bouddhisme intellectuel et ésotérique où les deux principales écoles d'origine chinoise, Tendai et Shingon, s'étaient disputé la prédominance doctrinaire en s'hybridant également avec le culte impérial et *shintō*. Mais si elle convenait à la cour, cette religiosité ne pouvait pas s'appliquer aussi bien aux chevaliers, à la fois de par l'articulation intellectuelle différente de ces derniers et parce que les temps avaient changé.
Bushi (武士), à savoir justement des guerriers qui risquaient en permanence leur vie sur les champs de bataille, ils étaient certainement plus enclins à adopter une vision millénariste de l'existence. Et le bouddhisme fut en mesure de les satisfaire sur ce point.
Face au spectacle de mort et de désintégration auquel ils assistaient, ils n'avaient aucun mal à assimiler leur époque à l'ère du

mappō, c'est-à-dire la dernière période de l'histoire du bouddhisme marquée par la dégénérescence de la Loi de Bouddha. Une nouvelle forme de bouddhisme répondit à ce besoin d'expliquer l'esprit du temps et, pourquoi pas, d'insuffler l'espoir d'une vie meilleure après la mort. Un paradis, la Terre pure de l'Occident, leur fut alors proposé et la façon d'appréhender la pratique évolua. Ladite Secte de la Terre pure, Jōdo-shū (浄土宗), offrit la figure du Bouddha Amida, seigneur de la Terre pure, à leur adoration.

Comment accéder à la Terre pure ? En faisant la guerre, les chevaliers alourdissaient inévitablement leur karma par l'accomplissement d'actes sans nul doute incompatibles avec le pacifisme de la pratique bouddhiste. Un guerrier n'a pas vraiment

les moyens de se perdre dans des rituels complexes et des subtilités doctrinaires.
La grande innovation introduite par Hōnen (1133-1212), le moine fondateur du Jōdo-shū, fut donc le *nembutsu* : la répétition d'une formule sacrée (*namu Ami-da-butsu*) ouvrant les portes du ciel par l'invocation du nom d'Amida. Un raccourci pour vider la mémoire interne du karma, pour ainsi dire en jargon informatique.

Le Grand Bouddha de Kamakura représente justement Amida. Mesurant plus de treize mètres de haut, la statue devait être à l'origine en bronze doré si l'on en croit les traces de dorure qui subsistent encore. Le Bouddha est assis jambes croisées sur

un piédestal. Autrefois, comme le veut l'iconographie d'Amida, le piédestal comportait des pétales de lotus : toujours installé sur cette fleur qui se dresse au-dessus des eaux boueuses des étangs, Amida incarne la pureté à même de jaillir du trouble de la réalité. Selon la légende, le lotus fleurissait sous les pas de Bouddha.

Les mains sont en position de *mudra*, un geste symbolique propre à la pratique de la méditation, appelé *dhyana mudra.* Il entend illustrer la primauté de l'illumination sur le monde des apparences. Le visage est particulièrement paisible, suscitant une impression de sérénité combinée à un majestueux embarras face au surnaturel. Se retrouver devant cette statue devait certainement constituer une expérience marquante pour les hommes du XIIIe siècle.

Le Daibutsu pèse quatre-vingt-treize tonnes et chacun de ses yeux mesure un mètre de long. Nous sommes loin des dimensions du Grand Bouddha Ushiku, mais ce dernier est un monument moderne, tandis que celui de Kamakura fut réalisé entre 1242 et 1253.

C'est un moine dénommé Jōkō qui demanda aux artistes Tanji Hisatomo et Ōno Gorōemone de le construire dans l'enceinte d'un temple du Jōdo-shū appelé Kōtoku-in.

Tout comme le célèbre Grand Bouddha de Nara, le Daibutsu de Kamakura se trouvait au départ lui aussi dans un pavillon de bois. Mais un tsunami détruisit son abri en 1498 et depuis lors, il se dresse dehors, exposé aux intempéries. La statue a donc dû faire périodiquement l'objet de restaurations, mais a par ailleurs acquis une patine qui la rend encore plus séduisante.

Une fois que vous aurez admiré ce symbole du Japon de l'extérieur, je vous conseille d'adopter un autre point de vue en pénétrant à l'intérieur. Car le Daibutsu est creux et, contre une somme modique, vous pourrez le visiter. Les occasions d'entrer dans une sculpture de l'art classique ne courent pas les rues. Et si jamais cette expérience ne vous laissait pas un souvenir impérissable, vous pourrez toujours vous vanter d'avoir fait intimement connaissance avec Bouddha.

Entrer dans la narine de Bouddha

Tout le monde n'est pas fait pour cette expérience. La tenter suppose en effet d'affronter des hordes de bêtes féroces, d'être mince et souple, et d'avoir si possible de la compagnie pour surmonter l'épreuve, sous peine de rester coincé dans une inextricable et inconfortable position. Avis aux amateurs de défis !

Je plaisante, bien entendu, mais pas complètement. Cette aventure requiert effectivement un physique approprié : un corps sec, pas trop encombrant, car il s'agit de se glisser dans la narine de Bouddha...

Pour trouver ainsi la voie de l'illumination, il faut tout d'abord se rendre à Nara, dans le Kansai, qui fut l'une des premières capitales du Japon antique. Nara est aussi le nom d'une des subdivisions traditionnelles de l'histoire nippone allant de 710 à 794, une époque caractérisée par des souverains profondément dévots, de sorte que la ville abrite aujourd'hui quelques-uns des plus beaux temples du pays.

Le bouddhisme arriva au Japon au VIe siècle, en provenance de Chine et de Corée. Il s'implanta vite, mais c'est au VIIe siècle qu'il revêtit une envergure nationale et devint presque une religion d'État. Le prince Shōtoku Taishi accorda une place centrale au bouddhisme avec la promulgation de la célèbre *Constitution en 17 articles* où il est prescrit de « révérer les Trois Joyaux » : le Bouddha, le Dharma (la loi bouddhiste) et la Sangha (la communauté des moines).

Cette adoption du bouddhisme au plus haut niveau fit que la religion importée s'imposa au rythme de l'affirmation du pouvoir impérial. De magnifiques temples furent construits, tout d'abord à Asuka, puis dans la nouvelle capitale Nara, et la dévotion représenta une part croissante du budget de l'État.

Sous l'empereur Shōmu (701-756), le réseau de temples et monastères bouddhiques s'étendit au niveau provincial et national. À l'instar du pouvoir de la cour. Pour ce qui nous intéresse, Shōmu accomplit un acte crucial en ordonnant d'élever une grande statue de Vairocana, ou Dainichi-nyorai, considéré comme le Bouddha universel. Ce choix doctrinaire de dresser une statue colossale de Bouddha (Daibutsu) a bien entendu un fondement politique. Nara se voulait le centre de l'univers, avec l'empereur au cœur de ce dernier. Quand, en 741, Shōmu émit l'édit de construction des temples dans les provinces (*kokubun-ji*, 国分寺), un sanctuaire de Nara dénommé Kinshō-ji – aujourd'hui connu sous le nom de Tōdai-ji (東大寺, grand temple de l'Est) – devint une institution prestigieuse. En 743, le dévot empereur fut particulièrement frappé par une statue Vairocana à Kawachi et ordonna la construction du Daibutsu de Nara dans l'enceinte du Tōdai-ji.

Les travaux durèrent six ans et la grande statue de seize mètres de haut qui nécessita, dit-on, tout le bronze du pays greva lourdement les caisses de l'empire. L'édifice réalisé pour l'abriter est encore aujourd'hui le plus grand bâtiment en bois du monde, même si la restauration effectuée au XVIIe siècle a réduit sa taille originelle. Il mesure actuellement 50,50 mètres de large, 48,70 mètres de haut et 57 mètres de profondeur. Imaginez l'impression qu'une merveille de ce genre pouvait produire sur un homme du VIIIe siècle.

Pour y parvenir, vous devrez traverser un superbe parc et, comme je l'ai indiqué plus haut, sortir indemne des attaques de voraces bêtes fauves. Il ne s'agit pas de lions, mais de cerfs : les fameux cerfs sacrés de Nara. Le parc est en effet peuplé d'un millier de ces ongulés, qui sont les véritables maîtres du site, et leur présence à l'état sauvage est attestée depuis le VIIIe siècle. Considérés comme un trésor national, il ne viendrait à l'idée de personne de transformer en jambon ce que la tradition *shintō* assimile à des messagers divins.

Peu farouches, ils ont l'habitude des touristes qui leur donnent à manger. Mais ils n'en sont pas moins des animaux sauvages et ont parfois des comportements empreints d'arrogance et d'agressivité. Mieux vaut donc se montrer gentil avec eux, sans trop leur faire confiance, car une bête à cornes de plus de cent kilos a de quoi effrayer s'il lui prend l'envie de vous poursuivre. Personnellement, je peux vous dire que je n'ai jamais réussi ni à manger un sandwich dans ce parc, ni à tenir très longtemps une carte pour m'orienter. Les cerfs sacrés sont friands des deux. Une fois arrivé, espérons-le, sans encombre au Tōdai-ji, vous pourrez enfin admirer le merveilleux et majestueux Daibutsu, qui ne manquera pas de vous impressionner dans la mesure où il s'agit de l'un des chefs-d'œuvre absolus de l'art antique japonais.

Vous déambulerez ensuite dans la grande salle, en contemplant les autres œuvres d'art qui y sont conservées et la qualité architecturale de cet imposant édifice. Et vous serez pour finir inévitablement attiré par une petite foule de touristes rassemblés autour d'un pilier de bois.

Ce poteau possède un trou où les visiteurs tentent avec plus ou moins de succès de se faufiler. Vous vous demanderez sûrement ce qu'il adviendrait si d'aventure l'un d'entre eux y restait coincé. Déciderait-on de scier le pilier, au risque de voir l'un des joyaux de l'architecture mondiale s'écrouler ? Soyez sans crainte, cela n'arrivera pas : quiconque parvient à s'y glisser n'aura aucun mal à s'en extraire. Plus ou moins. Avec éventuellement l'aide de quelqu'un qui le tirera vigoureusement dans la bonne direction.

Mais pourquoi s'introduire dans le trou ?

Pour une raison très simple : il s'agit d'un trou magique. Entrer à l'intérieur permet d'accéder à l'illumination.

La croyance veut que le trou ait exactement la même taille que la narine du Daibutsu, soit quarante-cinq centimètres. Se glisser dans l'ouverture du pilier revient par conséquent à pénétrer dans la narine du Bouddha. Si vous avez le physique qui convient, n'hésitez pas à tenter l'expérience.

En espérant qu'il n'éternuera pas.

22

Assister à un meeting, sans rien comprendre mais en s'amusant quand même

Si les meetings organisés à l'approche d'une échéance électorale n'ont plus aucun secret pour vous, un rassemblement de ce genre au Japon ne manquera pas de vous surprendre. Et il y a de grandes chances pour qu'un tel événement vous plaise et vous amuse. Du moins au tout début, car sauf à bien connaître le japonais, vous ne comprendrez rien et vous finirez sans doute par vous ennuyer.

Oubliez les foules immenses dont l'effectif annoncé par les organisateurs est toujours le double de celui déclaré par la préfecture et pour lesquelles le chiffre de dix mille équivaut à cent mille, et cent mille devient infailliblement un million. Les Japonais sont généralement peu intéressés par la politique.

Il convient pour commencer de se demander à quel point les Japonais croient aux promesses des politiciens, en leur faculté de convaincre à l'oral, voire de séduire leur électorat. En tant que Latins pour qui la rhétorique est l'instrument suprême de tout bon politicien, la présence sur l'estrade du candidat, son aptitude à fournir des explications claires et convaincantes jouent un rôle crucial dans le résultat du scrutin. Reconnaissons-le, nous aimons être séduits par les hommes politiques, être étourdis par leur éloquence.

Nous ne sommes certainement pas les seuls. Les Américains, par exemple, accordent une importance considérable à la capacité de leurs candidats de mettre en œuvre des discours persuasifs. Les duels télévisés obéissant à des règles prédéfinies et où s'affrontent les représentants des différents partis aux primaires, puis pour les plus hautes fonctions, à commencer par la présidence tant convoitée, sont en mesure d'influer sur le comportement aux urnes. Certains présidents américains ont fait de leur talent oratoire et de leurs discours aussi élaborés qu'immersifs une arme décisive. L'un d'entre eux fut sans nul doute le premier président noir de l'histoire américaine, Barack Obama. Que dire alors d'un maître de la rhétorique comme le défunt leader de la révolution cubaine Fidel Castro, dont les allocutions

fleuves pouvaient durer plusieurs heures, mettant à l'épreuve non seulement l'attention, mais aussi la résistance physique de l'assistance ? Castro est entré dans le *Guiness des Records* pour le plus long discours jamais prononcé devant l'Assemblée générale des Nations unies : quatre heures et vingt-neuf minutes (29 septembre 1960). Ce n'est pourtant rien comparé à son intervention à La Havane en 1986, lors du IIIe Congrès du Parti communiste où durant sept heures et dix minutes, délégués, invités et journalistes durent rester immobiles et silencieux à l'écoute du Lìder maximo. Et même si Fidel était connu pour être un brillant orateur et un grand meneur d'hommes, l'expérience dut être quelque peu éprouvante.

Il n'est cependant pas question ici de la France, des États-Unis, et encore moins de Cuba, mais du Japon, un pays qui a certainement une éminente tradition de déclamation théâtrale, mais pas de discours politiques ayant fait tourner une page de l'histoire. Nous avons tous vu les vieilles images en noir et blanc d'Adolf Hitler ou Benito Musolini s'adressant à des marées humaines. Il n'existe rien de tel pour les leaders japonais de l'époque, pas même au moment de la déclaration de guerre aux États-Unis.

Edwin O. Reischauer (1910-1990), illustre historien de l'Asie centrale et conseiller du gouvernement américain pendant la Seconde Guerre mondiale qui fut ensuite nommé ambassadeur au Japon par le président John Fitzgerald Kennedy (1917-1963), avait une intéressante théorie à ce propos : « Les Japonais ont une méfiance naturelle à l'égard des capacités orales qui, selon eux, représentent exclusivement l'extérieur, le superficiel, par opposition à l'intime, aux sentiments les plus simples qui se manifestent par des allusions ou des instruments non verbaux. »

La dichotomie inhérente à une telle affirmation renvoie à la notion de *honne* (本音) et *tatemae* (建前) qui alimenta les études sociologiques japonaises de l'après-guerre.

Le *tatemae* est la « façade », l'apparence extérieure d'attentes et de façons d'être. Le *honne*, en revanche, est le « vrai son », à savoir ce que l'on désire véritablement, ce qui est relégué au plus profond de chacun ou qui relève du cercle amical ou familial. Il s'agit d'un concept important, que les étrangers prennent souvent pour une forme d'hypocrisie mais qui constitue un mode de communication fondamental pour éviter l'une des plus effroyables catastrophes susceptibles d'arriver à un Japonais : perdre la face.

La rhétorique, en somme, ne joue pas un rôle décisif dans la communication politique japonaise. Les électeurs sont convaincus par d'autres moyens, la distribution de la richesse – une forme de ce qu'en France nous appellerions clientélisme – constituant une incitation majeure à voter. Un maître en la matière fut le défunt Premier ministre Tanaka Kakuei (1918-1993), à l'origine de la célèbre *kinken seiji* (金権政治), soit la pratique consistant à distribuer de l'argent – en finançant la construction d'infrastructures comme des lignes ferroviaires, des ponts et des digues, souvent inutiles – au collège électoral qui l'intéressait.

Mais les ressources ne coulent pas toujours à flot, comme dans les années 1980 de la bulle économique. Au cours des décennies suivantes, marquées par ladite crise de l'ère Heisei (1989-2019), les disponibilités économiques ne permirent pas de dépenser sans compter pour s'assurer des suffrages. Chassée par la porte, la capacité verbale de convaincre les individus finit donc par rentrer par la fenêtre.

Et une classe politique vieillissante n'est pas forcément performante en termes de rhétorique et d'image. Parmi les rares personnes qui, ces derniers temps, ont manifesté des qualités de communication notables, il convient de citer l'ancien Premier ministre Koizumi Jun'ichirō, sans doute le plus médiatique des hommes politiques japonais de l'après-guerre. Il a ouvert une voie que suit aujourd'hui son fils, Koizumi Shinjirō – au Japon, l'ascension politique est une affaire de dynastie et il est rare qu'un politicien de premier plan n'ait pas un bagage familial de représentants politiques de niveau égal, voire supérieur – qui, ministre de l'Environnement jusqu'en 2021, est une étoile montante du Parti libéral-démocrate, la formation au pouvoir depuis presque toujours.

Bien, sachant cela, vous ne serez pas trop surpris de voir à la sortie de la gare de Shinjuku, par exemple, une camionnette ornée de panneaux, d'écriteaux et de drapeaux, avec sur le toit un ou plusieurs hommes en gants blancs et portant en bandoulière une écharpe comme celle des Miss de concours de beauté qui, microphone en main, s'adressent à quelques

dizaines de personnes. Et si la politique nippone ne vous est pas complètement étrangère, peut-être reconnaîtrez-vous une figure marquante : le Premier ministre, un ministre, etc.
Un Premier ministre français a-t-il jamais fait un discours juché sur le toit d'un véhicule au coin d'une rue ou même grimpé sur un cageot de fruits ? Ou bien encore salué les passants en souriant au volant d'une voiture ? Non, et c'est bien la raison pour laquelle cette expérience vaut le détour.
Mais pourquoi les hommes politiques sont-ils réduits à de si misérables conditions ? Une bonne partie des actions de communication politique courantes chez nous sont interdites au Japon. Impossible, par exemple, de pratiquer le porte-à-porte qui pourrait servir à acheter des voix. Les passages à la télévision sont strictement réglementés. Faire campagne au travers des médias sociaux est aujourd'hui autorisé, mais les partis politiques ne semblent pas encore aussi omniprésents et, avouons-le, harcelants qu'ailleurs. Même les règles d'affichage s'avèrent extrêmement restrictives.
Les candidats disposent par conséquent de trois modes de communication directe avec leurs électeurs. L'un consiste à se placer au coin d'une rue très fréquentée et de multiplier les courbettes pour essayer de persuader les passants de voter pour eux. Un autre, de circuler entre huit heures du matin et vingt heures du soir maximum à bord de voitures équipées de haut-parleurs diffusant des extraits de discours des candidats, tandis qu'une agréable voix féminine scande leur nom. Reste enfin la méthode que les Britanniques appellent *soapbox* et qui revient à s'adresser au public avec un porte-voix du haut d'une caisse. Ajoutez quatre roues à ladite plate-forme, et vous obtiendrez le spectacle évoqué plus haut.

23

Se faire presser comme des sardines dans le métro

Pensez-vous vraiment pouvoir aller au Japon sans connaître l'exaltante expérience consistant à être comprimé dans un compartiment du métro comme du linge dans une machine trop remplie ? Je répondrai instantanément à cette question par la négative : que vous le cherchiez ou non, vous serez tôt ou tard confronté au *rush-hour* de Tōkyō.
À l'instar du cassoulet à Toulouse ou du jambon-beurre à Paris, pas question d'échapper aux mains gantées de l'*oshiya* dans la capitale nippone. À moins d'être particulièrement fragile ou claustrophobe. Le plan des lignes du métro et du réseau ferroviaire urbain est une œuvre d'art : un entrelacs de traits de couleur, inextricable, traverse et couvre la plus grande agglomération urbaine du monde.

Le réseau ferré de Tōkyō comprend trois principales catégories de lignes : celles de la Japan Railway (JR), dont la très importante ligne circulaire Yamanote ; celles du métro ; et les lignes de chemin de fer privées.
La compagnie JR, qui était autrefois publique et représentait les chemins de fer d'État japonais, est aujourd'hui elle aussi une entreprise du secteur privé. Le métro est en revanche exploité par les sociétés Tōkyō Metro et Toei.
À ces grands groupes qui gèrent d'innombrables lignes s'ajoutent des compagnies privées : Odakyū Electric Railway, Keiō Corporation, Keikyū Corporation, Keisei Electric Railway,

Seibu Railway, Tokyū Corporation et Tōbu Railway. Signalons pour finir une série de lignes de monorail opérées par une société dénommée Tōkyō Monorail.
Un système aussi articulé fait que les principales gares – Shinjuku, Shibuya, Ikebukuro, la gare même de Tōkyō, Ueno – constituent des nœuds cruciaux par où transitent quotidiennement des millions d'usagers.
En d'autres termes, le réseau ferroviaire de la capitale nippone accueille chaque jour dans les wagons de Tōkyō environ quarante millions d'individus, soit l'équivalent de la population totale de la Pologne.
Pour faire face à une telle affluence, il est évident que tout doit être d'une régularité chronométrique : la circulation, les arrêts, les files d'attente et, bien entendu, la fréquence de chaque train. Dans le métro de Tōkyō, une rame passe en général toutes les cinq minutes, et toutes les deux ou trois minutes aux heures de pointe. Malgré cela, le nombre de passages ne suffit pas. Les données d'engorgement des différentes gares affichent des taux qui peuvent atteindre deux cents pour cent, c'est-à-dire le double de la capacité d'emport maximale des trains.

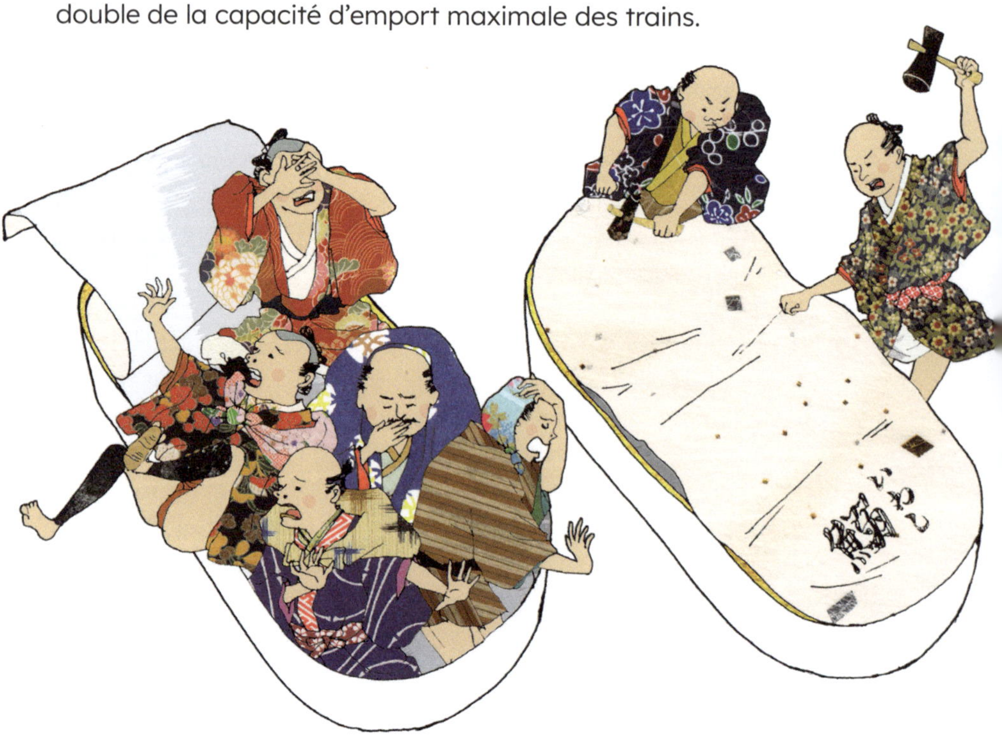

Au Japon, les trajets pendulaires requièrent en effet beaucoup de patience et d'abnégation. La durée des voyages pour se rendre sur son lieu de travail à Tōkyō équivaut parfois à plusieurs heures passées dans des trains bondés en essayant de rattraper du temps de sommeil. Les touristes étrangers qui prennent pour la première fois les transports nippons sont toujours frappés de voir des passagers capables de dormir même debout, comme les chevaux.

Le 24 octobre 1955, les usagers qui devaient emprunter les trains de la Nihon Kokuyū Tetsudō (l'actuelle compagnie JR) à la grande gare de Shinjuku eurent la surprise de découvrir derrière eux une rangée d'employés en uniforme et gants blancs qui, une fois les compartiments bien remplis, commencèrent à pousser de toutes leurs forces ceux qui étaient restés dehors pour ne laisser aucun passager sur le quai.
Ces préposés devaient être jeunes et dans une bonne forme physique. La compagnie ferroviaire publique décida donc de les recruter parmi les étudiants universitaires qui avaient un travail à mi-temps (*arubaito*) pour joindre les deux bouts, d'où leur nom de *ryokyaku seirikei gakusei-han* (旅客整理系学生班), « équipe d'étudiants affectés à la gestion des passagers ». Une dénomination à l'évidence trop longue, complexe et froide pour devenir populaire et qui céda la place au terme *oshiya* désignant encore aujourd'hui cette fonction.
Oshiya s'écrit avec les idéogrammes suivants : 押し屋. Les deux premiers se lisent *oshi* et signifient « pousser ». Le dernier, *ya*, indique généralement un sujet lié à un travail. *Oshiya* peut donc se traduire par « pousseur ».
En réalité, cette figure n'a pas été inventée au Japon, mais aux États-Unis au début du XXe siècle. Shinjuku comptait au départ cent trente pousseurs qui se plaçaient à chacune des portes de chaque train pour entasser les passagers à l'intérieur. À l'heure actuelle, ce ne sont plus des agents spécifiques, mais le personnel même de la gare ou bien des travailleurs à temps partiel de la compagnie qui exécutent cette tâche ingrate.
Quiconque est confronté pour la première fois à cette expérience est en principe profondément frappé par la patience séraphique avec laquelle les Japonais acceptent d'être pressés

comme des sardines dans un train. L'acceptation passive d'une nécessité qui, si elle n'était pas satisfaite, empêcherait la ville de fonctionner correctement. La fatigue et quelquefois la douleur physique ont beau être visibles, perceptibles, les réactions de panique sont rares.

Les *oshiya* ne se contentent pas de pousser les gens à l'intérieur. La procédure standard leur impose essentiellement de vérifier que tout est en ordre sur les quais à l'arrivée du train, de s'assurer que la descente, puis la montée du flot des passagers dans les compartiments soient ordonnées et précises, et que les portes se ferment correctement quand les voyageurs sont dans la rame en intervenant au besoin, y compris manuellement, sur les portes et les usagers. Ils accomplissent en somme une série de tâches, celle consistant à pousser n'étant pas forcément la plus importante, mais sans nul doute la plus efficace.

24

Observer l'étrange gestuelle chorégraphique des machinistes japonais

Sur le train à grande vitesse Shinkansen, il n'y a pas moyen, mais à bord d'un petit train local avec une fenêtre donnant sur la cabine du conducteur, vous pourrez assister à un spectacle qui ne manquera pas de vous surprendre : le machiniste – toujours en uniforme impeccable, avec casquette et, généralement, gants blancs – effectue des gestes précis en disant quelque chose que vous n'entendrez pas et apparemment sans le moindre motif.
Apparemment, car il existe une bonne raison, beaucoup plus importante que vous ne l'imaginez.

Dans le système ferroviaire japonais, rien n'est laissé au hasard. Il s'agit d'un réseau qui distribue chaque année dix-huit milliards de billets et d'une ponctualité hors pair. Les retards qui se produisent parfois sont en principe rattrapés et font vraiment figure d'exception comparé aux trains qui arrivent à l'heure à la seconde près. Le Japon est un pays où les voyageurs peuvent prévoir une correspondance de quelques minutes seulement, alors qu'ailleurs une demi-heure de battement ne suffit pas toujours. Inutile d'indiquer où...
La sécurité est bien entendu un facteur à ne jamais négliger en matière de transport ferroviaire. Et objectivement, le Japon y veille en permanence. En presque soixante ans de service, le Shinkansen n'a déploré aucun accident grave. Il n'en va pas de même pour les autres trains : le dernier gros accident ferroviaire

s'est produit en 2005 et a fait cent sept morts et plus de cinq cents blessés. La très grande majorité des incidents est due au non-respect des arrêts aux passages à niveau.

Revenons maintenant à notre conducteur. Dans sa cabine, il pointe du doigt, prononce des phrases à haute voix, et vous vous demandez si par hasard il ne serait pas complètement fou. Si vous voyagez vraiment en sécurité à bord d'un train conduit par quelqu'un qui parle tout seul et qui exécute des gestes étranges.
Et bien, résistez je vous prie à la tentation de tirer le signal d'alarme pour arrêter le train et alerter les forces publiques.
Le machiniste se contente en réalité d'appliquer une procédure connue sous le nom de *shisa kanko* (指差喚呼), soit « pointage-et-appel », une méthode de prévention des erreurs humaines dans le cadre des opérations accomplies dans le train.

La légende veut qu'au début du XXe siècle un conducteur en train de perdre la vue, Hori Yasoichi, se soit mis à désigner à haute voix les signaux de la ligne, en demandant confirmation au chauffeur de la locomotive à vapeur. Ce système fut adopté tout d'abord par la compagnie ferroviaire de Kōbe, puis fut intégré en 1913 dans le manuel standard des chemins de fer japonais en tant qu'outil permettant de focaliser l'attention de l'opérateur et d'éviter des erreurs fatales susceptibles de coûter la vie tant des cheminots que des passagers.
Mais en quoi consiste précisément cette méthode ? Le machiniste pointe par exemple une vanne avec deux doigts, la nomme et, toujours à haute voix, se dit à lui-même que tout est en ordre. De même pour le compteur de vitesse, pour les signaux qui ponctuent la ligne, pour tous les facteurs critiques des opérations qu'il doit exécuter pour que le train circule sans risque et arrive sans problème à destination avec souvent des milliers de passagers à son bord.
Comme chacun sait, la répétitivité des gestes amène à commettre des erreurs. L'habitude incite à considérer, parfois à tort, que des actes ont été accomplis. Une étude menée au milieu des années 1990 révéla qu'un opérateur chargé d'une fonction simple commet en moyenne 2,38 % d'erreurs. Mais en lui demandant d'accompagner sa tâche d'un mouvement et d'une vocalisation pour confirmer l'action en question, la fréquence tombe à 0,38 %.
Le schéma de la procédure *shisa kanko* est hautement standardisé et repose sur quatre phases successives :

- contrôle visuel ;
- extension du bras pour pointer avec les doigts ;
- prononciation à haute voix de la formule : « (commande ou organe concerné) *yoshi* ! » (*yoshi* signifie O.K.) ;
- écoute de sa voix.

Une séquence qui semble d'une banalité absolue et paraît stupide. Mais suivi au pied de la lettre, sans sauter d'étapes, ce type de procédure permet d'accroître considérablement l'attention des opérateurs.
L'avantage issu d'une telle démarche devint vite clair pour les Japonais, ainsi que pour leurs voisins de Chine, Corée du Sud et Taiwan qui l'adoptèrent également. Des expérimentations

eurent lieu dans les pays occidentaux, mais le système se heurta à des résistances culturelles.
Il existe là aussi une raison. Les cultures industrielles occidentales envisagent la diminution des risques professionnels au travers essentiellement de l'innovation technologique appliquée aux machines. Au Japon, en revanche, la réduction a priori de l'erreur humaine prime sur la correction a posteriori de cette dernière, même si les systèmes de sécurité automatiques revêtent autant d'importance au pays du Soleil-Levant qu'ailleurs. Plutôt que de corriger l'erreur en recourant à un automatisme, on préfère la prévenir. À ce propos, il est par exemple formellement interdit aux machinistes japonais de se servir de leur téléphone portable au travail, pour éviter justement les sources de distraction.

En résumé, lorsque vous observerez avec curiosité le conducteur de votre train faire des gestes étranges et émettre des sons bizarres, ne croyez donc pas qu'il soit fou. Au contraire, sachez qu'il se comporte ainsi – en éprouvant sûrement lui aussi un certain embarras – pour garantir au mieux votre sécurité et la sienne.

25

Danser avec la foule pour égayer les âmes des défunts

Si vous vous trouvez au Japon vers le milieu du mois de juillet, vous aurez très probablement l'occasion d'assister à un véritable spectacle. Un grand nombre de gens guidés par des musiciens sur une estrade et en *yukata* (浴衣) traditionnels, dansent en exécutant des pas simples et répétitifs, en rangs ou en file indienne.
Cette danse est un vrai plaisir et une fois que vous aurez mémorisé les mouvements de base, n'hésitez pas à vous joindre à la foule qui sera sans nul doute heureuse de vous accueillir. Ne vous privez surtout pas de l'expérience, qui vous permettra d'apprécier la profonde courtoisie des Japonais. Mais si vous décidez de participer à ce rite collectif, n'oubliez pas qu'il revêt une importante signification religieuse et qu'il est principalement destiné à fêter et égayer les âmes des ancêtres défunts : le *Bon odori* (盆踊り) est en effet la danse célébrant l'Urabon (盂蘭盆), la Fête des esprits (affamés).

La fête naît d'une légende bouddhiste. Maudgalyāyana (également connu sous le nom de Moggallana et de Mokuren, en langue respectivement pâli et japonaise) était l'un des plus proches disciples de Bouddha et avait atteint un niveau de conscience supérieure par la méditation. Selon la version issue du sutra Ullambana, un texte du bouddhisme mahâyâna dédié au concept très confucéen de la piété filiale, Moggallana utilisa ses pouvoirs psychiques pour connaître le sort de ses défunts parents. Il réussit à localiser son père au Ciel, mais ne vit pas sa mère. Qu'était-il advenu d'elle ? Il demanda alors à Bouddha de l'aider à la retrouver : elle était devenue un fantôme incapable de s'alimenter. Chaque fois que Moggallana déposait de quoi manger au temple ancestral, celui-ci prenait feu. Sur les conseils de Bouddha, le disciple commença à financer généreusement la communauté des moines pour accumuler des mérites et alléger le karma familial. Quand il parvint à affranchir sa mère de sa pénible condition, il se mit à danser de joie. D'où le lien étroit entre la légende et la danse.

Cette histoire est à l'origine de la fête de l'Ullambana célébrée dans toute l'Asie de l'Est et du Sud-Est à la fin de la période que la communauté monastique consacre à la méditation. L'usage consiste à se rendre au temple, à faire des offrandes aux moines et à dresser de grandes tables garnies de nourriture pour rassasier les esprits affamés, sans oublier de déposer dans le même but de la nourriture à l'extérieur des maisons, d'allumer bougies, lanternes et feux d'artifice pour attirer l'attention des ancêtres.

En Chine, où la fête occupe une place majeure, la tradition bouddhique empreinte de confucianisme et de taoïsme a donné naissance à la Zhongyuan Jie, la « fête des fantômes » qui a lieu le quinzième jour du septième mois du calendrier lunaire.

Introduite de Chine au Japon sur ordre du régent Shōtoku Taishi au VIIe siècle, la fête célébrée le même jour changea néanmoins de date avec la restauration Meiji et l'adoption du calendrier grégorien, passant au 15 août dans certaines régions nippones et au 15 juillet dans d'autres.

Elle acquit une formidable popularité au Xe siècle en étant largement diffusée par la secte de la Terre pure qui, comme nous l'avons vu, axait son enseignement sur l'existence d'un monde ultra-terrestre.

La célébration dure trois jours durant lesquels, selon la croyance, les esprits des ancêtres reviennent dans le monde des vivants pour partager un repas avec leurs descendants. Pour éviter à ces âmes de se perdre, des lanternes sont allumées pour les guider depuis les cimetières jusqu'aux maisons. Un peu comme chez nous en novembre pour la Toussaint, les gens prennent

soin des tombes. Et le soir du troisième jour, de petits bateaux en papier et bambou portant des bougies naviguent sur les rivières pour saluer les âmes revenant du royaume des morts. Le cortège naval de Nagasaki est particulièrement célèbre à cet égard.
La fête qui, dans la légende originelle, commémorait une sorte de rachat karmique dont Moggallana s'acquittait pour que le fantôme de sa mère puisse trouver la paix, devient dans la vision du bouddhisme amidiste – c'est-à-dire fondé sur le culte du Bouddha Amida et sa compassion universelle – une fête de remerciement envers les âmes des ancêtres pour les efforts accomplis. Il s'agit également d'une célébration liée à la récolte, la maternité et la fertilité, si bien que les enfants y occupent une place assez centrale.

La danse du Bon a donc des racines légendaires dans l'optique bouddhiste. Mais d'un point de vue plus historique, au Japon ce rituel est issu de deux autres danses, l'une d'origine *shintō*, l'*ise odori*, et l'autre plus purement bouddhiste, le *nembutsu odori*, extrêmement populaire et dont dérive aussi le merveilleux théâtre Kabuki.
Cette dernière fut en réalité inventée par un illustre personnage de l'histoire religieuse nippone, le moine danseur Ippen Shōnin (1234-1289), adepte du bouddhisme de la Terre pure et prêcheur parmi les plus importants de l'histoire japonaise. C'est lui qui diffusa au sein de la population la pratique du *nembutsu*, à savoir la répétition du nom du Bouddha Amida en tant que technique de méditation et méthode de salut. La tradition le présente sous les traits d'un moine itinérant qui parcourt le Japon avec une multitude de disciples en récitant la formule : « *namu Amida-butsu, namu Amida-butsu* » au cours d'une danse, ce qui n'est pas sans rappeler les processions d'Hare Krishna. Il est par conséquent considéré comme le principal initiateur du *nembutsu odori.* Précisons par ailleurs que les moines du mont Kōya pratiquaient une danse religieuse spécifique souvent mentionnée comme l'ancêtre du *Bon odori.*
Les danses du Bon appartiennent à deux grandes catégories : les plus traditionnelles, ou *dentô odori* (伝統踊り), entendent maintenir la pureté de la célébration, et les plus modernes, ou

minyô odori (民謡踊り), s'accompagnent de chansons du folklore japonais. Dans le premier cas, la musique est généralement jouée en direct avec des tambours, des flûtes et le banjo typiquement nippon appelé *shamisen*. Dans le second, en revanche, l'interprétation musicale n'exclut pas le recours à la technologie numérique.

Une estrade est généralement installée au centre d'une esplanade et les danseurs se tiennent tout autour. Si vous décidez de participer au spectacle, votre tenue vestimentaire n'aura pas beaucoup d'importance, mais mieux vaudrait que vous portiez vous aussi le *yukata*.

Pendant la fête, ces réunions dansantes s'organisent presque partout et procurent un divertissement garanti. Certaines sont néanmoins plus réputées que d'autres. Si vous avez l'occasion de vous rendre sur l'île de Shikoku, je vous conseille personnellement d'assister à l'Awa Odori de Tokushima, qui s'y déroule depuis 1587. Et en cas d'invitation à danser, pas d'hésitation !

26

Assister au défilé des chars allégoriques du *Nebuta Matsuri*

À peu près au même moment que la fête du Bon, si vous vous trouvez à Aomori ou Hirosaki (nord de l'île de Honshū) entre le premier et le sept août, vous aurez l'occasion de voir quelque chose qui vous rappellera probablement le défilé du carnaval de Nice.

Il s'agit du *Nebuta Matsuri* (ねぶた祭り), l'un des festivals traditionnels les plus beaux et les plus appréciés au pays du Soleil-Levant. Chaque année, environ deux millions de spectateurs se rendent à Aomori pour admirer les chars en papier mâché décorés par de remarquables artistes. D'envergure un peu plus réduite, la manifestation qui a lieu aux mêmes dates à Hirosaki porte le nom de *Neputa Matsuri*. La fête plonge ses racines dans l'Antiquité et des épisodes dont la véracité n'a jamais été confirmée et qui sont donc probablement un mélange de faits plus ou moins établis et de pure légende.

Les récits en question ont à l'évidence pour élément central une guerre et un personnage semi-légendaire : le chef des Emishi dénommé Aterui. Les Emishi, ou « barbares poilus », étaient une population indigène du Nord. Leurs liens avec les actuels Aïnous demeurent encore flous : pour certains, les Emishi sont les ancêtres des Aïnous ; pour d'autres, en revanche, il s'agit d'un peuple arctique distinct, et pour d'autres, encore, de populations nippones n'appartenant pas au royaume de Yamato. Il n'en reste pas moins qu'en 787, l'empereur Kammu (737-806) envoya une armée de chevaliers soumettre cette fière

peuplade. Mais disposant d'une cavalerie entraînée et n'ayant nullement l'intention de se laisser faire, Aterui réagit à une attaque le long du fleuve Kitakami en repoussant dans l'eau les arrogants Japonais aux lourdes armures de métal, dont beaucoup périrent noyés.
Rendu furieux par cette humiliante défaite, Kammu mûrit sa vengeance et, après une autre attaque malheureuse, il convoqua en 801 l'un de ses plus fidèles généraux, un certain Sakanoue no Tamuramaro (758-811), qu'il nomma *Sei-i-taishōgun*, à savoir « Généralissime chargé de la pacification des barbares », un titre dépourvu de la moindre équivoque.
Et pour que le message soit encore plus clair, Tamuramaro se vit doté d'une force de plus de quarante mille hommes. Il entama alors une intense campagne militaire destinée à l'emporter sur les chefs Emishi, à commencer par l'insaisissable Aterui.
Il parvint à ses fins le 15 avril 802, quand Aterui et un autre chef, More, se rendirent avec cinq cents cavaliers. Les deux dirigeants furent déportés à Heian, où ils eurent la tête tranchée. Les membres de leur famille furent quant à eux contraints de creuser de profondes fosses dans lesquelles ils furent ensuite enterrés vivants. Mais loin de pacifier les barbares, cet outrage les incita au contraire à poursuivre fièrement leur combat pendant de nombreuses années.

Une légende veut que lors de la bataille décisive, Tamuramaro ait construit des chars figurant de monstrueux guerriers pour effrayer l'ennemi. Telle serait l'origine des *nebuta*.
Il ne s'agit là cependant que d'une des différentes théories sur la genèse de cette tradition.
Une autre légende associe la construction des *nebuta*, qui sont éclairés de l'intérieur et peuvent donc être considérés aussi comme de gigantesques lanternes pour la fête du Bon, à la figure historique de Tsugaru Tamenobu (1550-1607), fondateur du fief homonyme de Tsugaru qui domina le nord du Japon. Se trouvant dans la capitale impériale de Kyōto, ce dernier aurait fait fabriquer des lanternes géantes à l'occasion des festivités pour impressionner les nobles blasés.
Selon une troisième théorie sur ses origines, le *matsuri* serait le fruit de la fusion d'une série de processions organisées pour la

fête du Tanabata et du Bon, dont l'une s'appelait *Nemuri-nagashi*, un terme dont la contraction aurait donné le nom de *nebuta/neputa*.

Les chars allégoriques renvoient à des épisodes légendaires et guerriers, sont multicolores et revêtent un aspect particulièrement agressif. Il est possible de les observer de près en allant visiter un musée qui leur est spécialement dédié.
Les *nebuta* sont réalisés par des groupes de volontaires locaux, et contrairement à ce qui se produit pour beaucoup d'autres œuvres d'art et d'artisanat au Japon, ils échappent à toute standardisation : les artistes ont toute latitude pour laisser libre cours à leur inspiration.
Les danseurs qui accompagnent les chars portent le costume *haneto* typique et scandent en chantant une formule disant : « *rassera...rassera* ». Il s'agit de l'« *irasshaimase* » que vous aurez déjà entendu à moult reprises depuis votre arrivée au pays du Soleil-Levant, en franchissant le seuil d'un magasin ou d'un restaurant, et qui signifie plus ou moins : « Entrez donc » ou « Bienvenue », mais dans le dialecte local, car le Tōhoku est une région du Japon qui a son parler assez caractéristique et distinct de la langue standard de Tōkyō.

Aux danseurs s'ajoutent des musiciens jouant de quelques instruments traditionnels, notamment des tambours et des flûtes. La procession réunit des dizaines de milliers de danseurs et musiciens formant des groupes spécifiques qui travaillent d'arrache-pied pour créer un char allégorique et définir les moindres détails de leur défilé. La plus belle réalisation vaut à ses auteurs une récompense dénommée autrefois « prix Tamuramaro », mais plus aujourd'hui car le nom de ce général est mal perçu par beaucoup dans le Tōhoku.
Aux groupes formels se mêlent néanmoins aussi des trouble-fête : des voyous qui font souvent irruption dans le défilé en causant troubles et problèmes, baptisés *karasu-zoku* (烏族, clan des corbeaux) et considérés comme liés aux *bōsōzoku*, des bandes de motards qui, dans les années 1980 et 1990, sévissaient au Japon en nuisant à l'ordre public.
Ces épisodes s'avèrent désormais largement limités car les autorités ont mis en œuvre d'importants dispositifs de police aptes à garantir le bon déroulement d'un événement qui constitue une véritable manne pour le territoire.
L'été, la ville d'Aomori ne vit pour ainsi dire que pour le *Nebuta Matsuri* : selon une expression consacrée, elle devient *nebuta baka*, c'est-à-dire « dingue de *nebuta* ». Pourquoi ne pas vous laisser vous aussi envahir par cette folie pour découvrir un Japon rieur et carnavalesque, à des années-lumière de nombreux stéréotypes ?

27

Manger du fugu mortel

Qu'est-ce qui peut pousser un jeune à grimper au sommet d'un gratte-ciel, sans précautions particulières, juste pour prendre un selfie ? La solution de facilité consisterait à répondre : narcissisme, exhibitionnisme, stupidité la plus banale. La question de la prise de risques inutiles peut cependant se poser en des termes relevant de la psychologie, la philosophie, l'économie, entre autres disciplines. L'épisode s'inscrit-il dans une perspective évolutionniste ou bien est-il simplement lié à la libération d'endorphines créant une sensation de plaisir au moment de frôler la mort ? Ces interrogations ont suscité diverses réponses, certaines plus convaincantes que d'autres.
Vous aussi, vous pouvez tenter cette expérience au Japon : il vous suffit d'entrer dans un restaurant et de commander un plat, le *fugu*, ou poisson-globe extrêmement toxique à moins d'être préparé par un cuisinier confirmé.
J'étais enfant et je me souviens encore des vieux journaux télévisés en noir et blanc relatant d'étranges décès causés par l'ingestion de « baudroie ». C'était en 1977 et cette nouvelle me frappa profondément, d'autant que le vrai responsable ne fut identifié que longtemps après : un poisson exotique venu de Taiwan et dénommé « poisson-globe », que des commerçants

sans scrupule avaient écoulé en lieu et place de la lotte utilisée depuis toujours en cuisine.

Je me plongeai aussitôt dans l'*Encyclopédie Larousse des animaux* que l'on venait de m'offrir et trouvai le coupable : effectivement semblable à un ballon, il avait vraiment l'air mignon et rien dans son apparence ne laissait supposer qu'il pouvait être fatal. Et pourtant c'était bien le cas : plusieurs personnes moururent d'avoir consommé sa chair.

Jamais, alors, je n'aurais imaginé qu'un jour, au Japon, je mangerais ce poisson et le trouverais délicieux, sans éprouver le moindre des désagréments qu'il avait produits sur ses malheureuses victimes dans les années 1970.

Les Japonais ont toujours mangé du *fugu*, à l'instar des Coréens, du reste. Le terme *fugu* s'écrit de deux façons différentes : soit 河豚, soit 鰒. Les deux premiers idéogrammes signifient littéralement « cochon de rivière », car ce poisson ne vit pas uniquement dans la mer, mais également dans les eaux saumâtres, comme en Chine, à l'origine de l'appellation, où c'est probablement une espèce d'eau douce qui était consommée.

Doté de quatre dents pointues qui lui servent à ouvrir moules et palourdes constituant une grande partie de son alimentation, le *fugu* appartient à la famille des Tétraodontidés qui compte au moins une douzaine d'autres espèces allant de quelques centimètres jusqu'à un mètre quarante de long.

Son nom de poisson-globe vient du fait que quand il se sent menacé, il remplit d'eau son estomac extensible et gonfle en devenant énorme pour effrayer les prédateurs et empêcher ces derniers de l'avaler. Une fois le danger écarté, il expulse l'eau et reprend sa taille normale. Pour paraître encore plus menaçant, les poissons-globes ont aussi souvent le corps hérissé de piquants.

Le *fugu* vit dans les eaux peu profondes du Pacifique, de l'Atlantique et de l'océan Indien, même si ces dernières années une espèce, le poisson-globe tacheté, s'est implantée de façon stable en Méditerranée également.

Les Japonais, en particulier, apprécient le *torafugu* (*Takifugu rubripes*) qui mesure environ soixante-dix centimètres de long et se caractérise par sa peau tachetée ; le *higanfugu* (*Takifugu pardalis*), plus petit (une trentaine de centimètres) ; le *shōsai-*

fugu (*Fugu vermicularis*) mesurant lui aussi environ trente centimètres ; et le *karasufugu* (*Takifugu chinensis*).
Le poison est généralement présent dans le foie, les intestins, les ovaires, les yeux et la peau. Il s'agit de la tétrodotoxine, une puissante neurotoxine dont l'ingestion entraîne une paralysie musculaire et provoque la mort par asphyxie ou arrêt circulatoire. Sa concentration est très élevée et il n'existe malheureusement aucun antidote. Une théorie veut que le poison provienne d'une bactérie contenue dans les algues dont le poisson-globe se nourrit et contre laquelle il est immunisé, mais pas l'être humain.
L'explorateur britannique James Cook (1728-1779) raconte dans ses carnets une histoire devenue célèbre. Naviguant dans le Pacifique, ses matelots pêchèrent un jour des poissons-globes et les mangèrent. Heureusement pour eux, ils ne consommèrent que les parties blanches et donnèrent les viscères et la peau aux cochons qui, comme chacun sait, dévorent tout. Le lendemain matin, les membres de l'équipage éprouvèrent presque tous des vertiges au réveil, mais les porcs étaient irrémédiablement morts.
Les Japonais mangent du *fugu* depuis la nuit des temps. Des arêtes de poisson-globe ont été mises au jour dans les amas coquilliers laissés par les villages d'époque Jōmon. Les mauvaises expériences n'ont bien entendu pas manqué et des cas d'empoisonnement ont été déplorés, au point que le shogunat Tokugawa finit par interdire sa consommation à Edo, la capitale, sans doute par crainte que quelqu'un ne veuille se débarrasser du shogun en lui servant un sashimi apparemment succulent, mais fatal. Chacun sait cependant combien l'interdit donne de la saveur, de sorte qu'au fil du temps, il fut de moins en moins respecté. Au point que sous la restauration Meiji, il fallut réitérer l'interdiction, sans grands résultats…
Depuis 1958, il est permis au Japon de proposer du *fugu* à condition de posséder une licence spéciale, attribuée à l'issue d'un examen particulièrement sévère, la moindre erreur suffisant pour envoyer nombre de clients dans l'autre monde. Le marché du *fugu* se trouve à Shimonoseki, où des milliers de tonnes de poisson-globe sont vendues chaque année. Si vous allez au marché de Haedomari, où le *fugu* règne en maître, vous pourrez

même acheter de délicieux sashimis. Cette cité portuaire est certainement le meilleur endroit où goûter la spécialité.
La chair du poisson-globe se déguste de diverses manières, la plus commune étant, nous l'avons dit, en sashimi. Mais elle est aussi délicieuse en friture (*karaage*) ou bien fumée. Les Japonais sont par ailleurs friands du *shirako* (laitance ou liquide séminal du poisson).
Si les décès dus à la consommation de *fugu* ont alimenté de nombreuses légendes, il n'en reste pas moins qu'entre 1996 et 2005, trois cent quinze cas d'empoisonnement ont été déclarés au Japon, dont trente et un mortels et un seul survenu dans un restaurant exploité par un cuisinier doté d'une licence. Par la suite, la plupart des morts ont été causées par la préparation maison de sashimis.
Un trésor national figure parmi les illustres victimes du *fugu*. Le grand acteur du théâtre Kabuki Bandō Mitsugorō VIII (1906-1975) eut une admirable carrière artistique, mais une mort pour le moins pitoyable. Dans un restaurant de Kyōto, il se vanta auprès de ses amis d'être suffisamment fort pour survivre au poison du *fugu*. Il commanda quatre portions de foie de poisson-globe, un plat bien évidemment interdit, et les mangea sans doute en louant leur saveur incomparable. Son agonie dura huit heures : ses membres se paralysèrent progressivement, puis son corps tout entier, avant de succomber.
Il est hautement improbable que la consommation de poisson-globe dans un restaurant se solde aujourd'hui par une telle issue. Mais improbable ne veut pas dire impossible. Il suffit d'ailleurs parfois d'une petite arête avalée de travers pour passer de vie à trépas.
Il existe pour finir une autre solution, moins risquée. Les chercheurs de l'université de Nagasaki ont commencé à élever des poissons-globes non vénéneux, en modifiant leur régime alimentaire pour qu'ils n'ingèrent plus la bactérie responsable de la production de tétrodotoxine. Mais ce projet ne fait pas l'unanimité. L'enjeu réside notamment dans la consommation du foie du *fugu*, réputé délicieux. L'interdiction continue pour l'instant de peser même sur le poisson-globe inoffensif de Nagasaki. Rien ne dit cependant qu'à l'avenir, l'aura d'aliment maudit qui entoure le *fugu* ne finira pas par s'évanouir.

28

Goûter à la « pizza japonaise », l'*okonomiyaki*

La cuisine japonaise recèle un plat vraiment savoureux : l'*okonomiyaki*. Si vous n'avez pas encore eu l'occasion d'y goûter dans un restaurant en France, le moment est venu de combler cette lacune. Car ce mets que les Américains qualifieront superficiellement de « pizza japonaise » (et qui serait pour nous plus proche d'une omelette) relève de la gastronomie domestique, du street-food, de la recette roborative qui fit fureur juste après la guerre, un condensé de tout ce qui peut ravir les papilles d'un enfant.

Partons du nom, déjà attirant en soi pour un Japonais. *Okonomiyaki* s'écrit お好み焼き, les deux derniers idéogrammes signifiant « grillé » (en l'occurrence sur la plaque *teppanyaki*) et les trois premiers, « ce que vous aimez/voulez ». Il s'agit d'un terme moderne car en dépit de ses origines antiques, ce plat fut inventé au XXe siècle.

Au fait, je ne vous ai pas encore dit de quoi il retourne : imaginez une sorte d'omelette préparée avec les ingrédients les plus divers (le plat fourre-tout classique) et qui varieront en fonction de la région du Japon où vous vous trouverez. Les versions les plus connues sont celles d'Ōsaka, d'Hiroshima et le *monjayaki* de Tōkyō, un cousin de l'*okonomiyaki* à proprement parler.

À la base, il y a toujours des œufs, de la farine de blé et du *kyabetsu* (chou), auxquels s'ajoute – dans la pâte ou par-dessus – tout ou partie des ingrédients suivants : crevettes, viande, seiche, œufs brouillés, nouilles de sarrasin de type *yakisoba*.

L'ensemble est enfin recouvert de fines lamelles de bonite séchée *katsuobushi*, de gingembre rouge mariné *beni shōga*, d'algues en paillettes *aonori*, de sauce Otafuku (cousine japonaise de la sauce Worcestershire) et de beaucoup de mayonnaise. En somme, vous l'aurez compris, ce plat n'est pas destiné aux fins palais et s'avère très éloigné du subtil raffinement généralement associé à la cuisine nippone. Il s'agit d'un mets aux saveurs prononcées, puissantes, étourdissantes, aptes à calmer au plus vite les morsures de la faim. Une cuisine populaire, sans l'esthétique snob du sushi et du sashimi, reflet du savoir-faire des mères d'autrefois qui ne jetaient rien et préparaient à manger avec tout, mais vraiment tout ce qu'elles avaient sous la main.

L'histoire même de ce mets laisse deviner sa fonction. D'aucuns font remonter les origines de l'*okonomiyaki* au grand maître de thé Sen no Rikyū (1522-1591), amateur de fines crêpes à base de farine appelées *funoyaki*, une hypothèse aujourd'hui écartée car ces pâtisseries n'ont en réalité pas grand-chose à voir avec ce qui nous intéresse ici. Il en va tout autrement, en revanche, des premiers *monjayaki* apparus à Tōkyō à l'époque de Meiji : des *okonomiyaki* confectionnés avec davantage de bouillon de poisson *dashi* et d'eau rendant la pâte plus liquide, servis dans un bol comparable à celui contenant le riz. Après le grand tremblement de terre du Kantō en 1923, qui détruisit entièrement Tōkyō et fit deux cent mille morts, ce plat consistant et peu coûteux rassasia une foule de gens. N'allez cependant surtout pas dire que l'*okonomiyaki* est né à Tōkyō au fil d'une conversation avec un habitant d'Ōsaka ou d'Hiroshima, qui se disputent à leur tour la primauté en la matière.
L'*issen yōshoku* (一銭洋食) est souvent cité comme l'ancêtre de l'*okonomiyaki* tel que nous le connaissons : ce « repas occidental à un *sen* », c'est-à-dire à un centime, était répandu dans la région du Kinki où se trouvent Ōsaka, Kyōto et Nara. Il consistait en une crêpe à base de farine, d'œuf et d'oignon. La touche occidentale venait de la sauce Worcestershire abondamment versée dessus. Dans la ville de Sashiwada, près d'Ōsaka, il est encore possible de consommer cet *okonomiyaki* primitif qui, après la Seconde Guerre mondiale, quand le riz se faisait rare, permit de remplir l'estomac d'une multitude de Japonais.
Si telles sont les racines, il s'avère en revanche très difficile de savoir où apparut l'*okonomiyaki* préparé comme à l'heure actuelle. Les villes abritant ses différentes versions défendent jalousement leur primauté et n'entendent nullement la partager. Le flou terminologique ne fait que rajouter à la confusion, comme dans le cas de cet établissement de Tōkyō qui, en 1918, proposait un produit appelé tantôt *dondonyaki*, tantôt *okonomiyaki*. Mieux vaut donc ne pas s'enfoncer dans ce guêpier.

En vente sur les stands ambulants de n'importe quel *matsuri*, l'*okonomiyaki* est un classique qui compte le plus grand nombre de restaurants spécialisés à travers tout le Japon (environ vingt-quatre mille, selon une estimation non confirmée).

Dans la ville d'Ōsaka, il existe même un Okonomiyaki-mura (お好み焼き村), un « village de l'*okonomiyaki* » consistant en une rue composée exclusivement de restaurants qui proposent la merveilleuse « pizza ». Sans oublier un musée de l'*okonomiyaki*.
Outre le *monjayaki* évoqué précédemment, les principales variantes sont le *Ōsaka-fū* (大阪風) et le *Hiroshima-fū* (広島風), c'est-à-dire l'*okonomiyaki* façon respectivement Ōsaka et Hiroshima. Dans le premier cas, la pâte à base de farine, d'œufs, de bouillon de poisson *dashi* et d'igname râpé est garnie de chapelure de farine frite *tenkasu*, chou, poitrine de porc, ciboule hachée, crevettes, auxquels s'ajoutent les habituels *katsuobushi*, *aonori*, gingembre rouge mariné et quantité de sauce Otafuku et de la mayonnaise en veux-tu en voilà. Les ingrédients sont mélangés à la pâte avant que le tout soit cuit.
Cette version comporte également une innovation moderne qui consiste à incorporer des nouilles de sarrasin sautées *yakisoba* préparées au préalable. Dans la variante d'Hiroshima, en revanche, les ingrédients ne sont pas mélangés, puis cuits, mais disposés par couches sur le *teppan*. Et la proportion de chou est nettement plus importante.
Les nouilles *yakisoba* sont ajoutées en dernier, et le tout est retourné sur des œufs brouillés. Dans ce cas aussi, pas question d'y aller mollo.

Bon appétit !

29

Consommer le phénoménal *champon* à Nagasaki

Bon, le *rāmen* n'a plus de secret pour vous. Vous y avez goûté en France, bien avant de vous rendre au Japon. Vous avez aussi testé la version lyophilisée de ce bol de nouilles japonaises que vous avez avalées debout, dans une station de métro à Tōkyō. Vous avez peut-être même osé défier le froid glacial d'Hokkaidō pour y déguster le célèbre *Sapporo rāmen*. L'heure est maintenant venue d'entrer dans les détails et de découvrir une spécialité inconnue de beaucoup. Une fois de retour en France, vous pourrez vous vanter en disant : « Le *rāmen*, oui, bien sûr... mais moi j'ai mangé du *champon* ! »

De quoi s'agit-il ?
Pour le savoir, il faut se rendre à Nagasaki. Rasée par la bombe atomique en 1945, cette ville aujourd'hui entièrement reconstruite est un vibrant centre économique et culturel, voire gastronomique. Car Nagasaki est une cité « frontière », une porte ouverte sur le Japon pour nombre de civilisations. Tout au long de la période du Sakoku, du « Pays fermé » en raison de la politique isolationniste du *bakufu* Tokugawa, du XVIIe siècle jusqu'à l'arrivée des vaisseaux noirs du Commodore Perry en 1854, Nagasaki était l'unique point d'accès au Japon pour les étrangers – et plus précisément pour les Hollandais.
Bien avant, la ville avait constitué le principal pôle de pénétration au pays du Soleil-Levant des missionnaires jésuites qui réussirent à convertir beaucoup de seigneurs féodaux et les populations sous leur joug.
L'activisme des religieux, les disputes au sein des divers ordres

qui œuvraient pour la conversion des Japonais et la crainte que des puissances étrangères (à commencer par l'Espagne) n'en profitent pour se lancer dans une invasion poussèrent les chefs militaires des XVIe et XVIIe siècles à frapper les étrangers d'une interdiction de pénétrer sur le territoire nippon, exception faite de l'îlot de Dejima, dans la baie de Nagasaki, réservé aux commerçants hollandais.

Vous savez sans doute déjà tout cela, mais peut-être pas que Nagasaki était aussi en contact avec des marchands en provenance d'un pays voisin, bien plus important : la Chine.

Il était en effet permis aux Chinois de débarquer et de commercer à Nagasaki, en respectant bien entendu de nombreuses restrictions, la principale étant l'obligation de résider dans un Chinatown, Nagasaki Shinchi Chukagai (長崎新地中華街), le plus ancien du Japon et qui existe toujours à l'heure actuelle.

C'est précisément dans ce contexte que naquit le *champon*.

Ce mot à l'étymologie incertaine s'écrit habituellement avec le syllabaire *hiragana* et non les idéogrammes chinois (*kanji*). Le *Kōjien*, le dictionnaire japonais le plus répandu, lui attribue

sans hésiter ces caractères chinois non simplifiés : 攙和. Le premier, un peu complexe, renvoie au concept de « mélange ». Un mélange réussi, en somme. La prononciation laisserait quant à elle présumer une origine en rapport avec le Sud-Est asiatique, notamment malaise.
D'autres sources remplacent le second caractère 和 (qui a de nombreuses significations) par le sinogramme 烹, *peng*, « bouillir ».

Quoi qu'il en soit, une chose est sûre : le *champon* fut servi pour la première fois dans un restaurant de Nagasaki, le *Shikairō* fondé par l'énergique entrepreneur chinois Chin Heijun.
L'établissement existe toujours mais n'a plus rien à voir avec ce qu'il devait être en 1899, quand il commença à proposer ce plat devenu l'un des symboles de la ville. À en croire le restaurant lui-même, le mets dérive d'une recette culinaire du Fujian, dans le sud-est de la Chine.
En pleine ère Meiji, le Japon s'ouvrait alors à l'Occident et Nagasaki était fréquentée par des étudiants chinois venus étudier la grande course vers la modernité que l'archipel avait entreprise, tandis que la Chine déclinait sous la pression des puissances coloniales. Mais ces jeunes sans le sou avaient du mal à joindre les deux bouts et bénirent celui qui eut l'idée de leur fournir un repas chaud et nourrissant en mélangeant un peu de tout dans une soupe à la manière chinoise.
Le plat remporta un succès immédiat, et quand la publication *Nagasaki Kenkiyo* s'en fit l'écho en 1907, la ville comptait des dizaines de restaurants proposant cette spécialité à une clientèle désormais locale.

Le *champon* est un autre plat qui contredit pleinement la réputation de raffinement et de légèreté de la cuisine nippone. La soupe à base d'os de poulet et de porc consiste en un liquide d'un blanc laiteux caractéristique. Une théorie veut que le bouillon du *champon* soit le précurseur du *tonkotsu*, le bouillon d'os de porc entrant dans la composition du traditionnel *rāmen*.
À ce bouillon s'ajoute un peu de tout, soigneusement frit dans du lard et de l'oignon : porc, crevettes, calmar, champignons et légumes divers, à commencer par le chou.

Principale différence avec le *rāmen* où les nouilles sont bouillies à part, puis placées dans le bol avec le bouillon, pour le *champon*, elles sont cuites dans le bouillon lui-même et gagnent ainsi en saveur, mais pas en légèreté.
Il existe par ailleurs d'autres sortes de *champon* au Japon. L'*Ankake champon*, par exemple, se consomme dans certaines régions du Honshū et consiste en un *champon* avec un bouillon à base de sauce soja *shōyu*, agrémenté de sauce *ankake*. Dans la ville d'Amagasaki, en revanche, le *champon* se prépare avec un bouillon à base de *miso*. À Okinawa, enfin, le *champon* n'est pas une soupe de nouilles, mais un plat de riz aux œufs.

30

Se retrouver brusquement aux Pays-Bas sans quitter le Japon

Si vous êtes allé au Japon, c'est pour voir le Japon, nous sommes bien d'accord. Si vous aviez voulu vous rendre aux Pays-Bas, vous auriez pris le premier vol pour Amsterdam, et au bout d'environ une heure, vous seriez arrivé à destination. Pourtant, si j'étais vous, je ferais quand même un saut à Huis ten Bosch.
Huis ten Bosch ? Un morceau de Hollande au Japon. Ou plus exactement une sorte de Disneyland sur le thème des Pays-Bas à Kyūshū. Un parc de loisirs avec des vélos hollandais, des moulins à vent et une multitude de tulipes à la place de Mickey, Dingo et du château de Blanche-Neige.

Mais comment ce singulier décor néerlandais a-t-il pu se retrouver sur l'île la plus méridionale du Japon ?
Le parc à thème fut aménagé en 1992 à Hario, un îlot de trente-trois kilomètres carrés séparé de Kyūshū par un étroit chenal ne mesurant pas plus de cent mètres de large. Non loin, la ville de Nagasaki constitua tout au long de la période Edo un point d'accès en territoire nippon pour les Hollandais. Hario était un site d'observation crucial : à la vue d'un navire hollandais, un signal était envoyé à Nagasaki pour avertir de l'arrivée imminente du bateau et de sa cargaison. Mais plus encore, l'îlot faisait partie du domaine féodal (*han*, 藩) de Hirado, qui sera un comptoir néerlandais durant plusieurs années. Quand les Hollandais débarquèrent au Japon en 1609, il ne leur fallut pas

longtemps pour éliminer la concurrence des Portugais – les premiers marchands occidentaux à avoir posé le pied au pays du Soleil-Levant, introduisant fusils et missionnaires – et à gagner la confiance des shoguns du clan Tokugawa au pouvoir.
En quoi les Hollandais valaient-ils mieux que les Portugais ? Ce n'était pas des catholiques : Tokugawa Ieyasu, troisième unificateur du Japon et fondateur du *bakufu* d'Edo, avait confirmé les interdictions promulguées par son prédécesseur, Toyotomi Hideyoshi, contre les chrétiens. Les Japonais craignaient, non sans raison, que les missionnaires ne représentent les prémisses d'une arrivée plus massive des puissances occidentales, à commencer par l'Espagne, et redoutaient de finir sous le joug colonial.
De ce point de vue, les Hollandais semblaient bien plus pragmatiques : il s'agissait de marchands, rien de plus. Ils obtinrent donc la permission de créer un comptoir commercial sur l'île de Hirado, centre historique de l'actuelle ville homonyme.
Quatre ans plus tard, les Anglais débarquèrent et firent de même. Mais leur présence fut plus marginale : voyant le commerce de leur marchandise de prédilection, la soie brute, leur échapper, ils ne virent pas l'intérêt de rester au Japon et abandonnèrent progressivement l'avant-poste.
Les Hollandais, en revanche, tinrent bon. Quand, en 1616, le shogun Tokugawa Hidetada (1579-1632) ferma tous les ports, à l'exception de Nagasaki et Hirado, ils se retrouvèrent dans une position de prédominance au sein des étrangers dans le pays.
Appliquant la politique du *sakoku*, les Tokugawa expulsèrent progressivement tous les étrangers. Les missionnaires avaient déjà été chassés, et malheur à celui qui refusait de quitter le Japon. En 1597, Hideyoshi fit tuer ceux qui sont restés dans l'histoire comme les vingt-six martyrs de Nagasaki. Et en 1623, le jésuite sicilien Girolamo de Angelis fut condamné au bûcher à Edo pour sa prédication dans l'extrême Nord.
En 1639, les seuls concurrents des Hollandais, à savoir les Portugais, furent définitivement refoulés hors du territoire nippon. Les Hollandais n'eurent pas de quoi se réjouir car ils furent eux-mêmes contraints de lever le camp de Hirado deux ans plus tard et ne purent conserver qu'un petit avant-poste sur l'îlot de Dejima, à Nagasaki : une île artificielle en forme d'éventail

créée dans la baie de Nagasaki, qui abritait autrefois le collège jésuite. Un seul pont la reliait à la terre ferme, de sorte qu'elle était facile à contrôler pour les autorités. Si vous vous y rendez aujourd'hui, vous pourrez encore visiter le quartier néerlandais. Un *opperhoofd* (chef suprême) était à la tête de la petite colonie néerlandaise de Dejima. Un dense réseau d'espions, interprètes et fonctionnaires entourait les Hollandais. Chaque navire était méticuleusement inspecté. L'isolement permit néanmoins aux Hollandais d'acquérir un avantage sur les Occidentaux au travers d'un monopole à la fois commercial (avec

les marchands chinois de Nagasaki cantonnés dans un Chinatown restreint) et culturel quant à la représentation du Japon à l'étranger. Le *sakoku* limita les échanges commerciaux, mais ne parvint pas à enrayer complètement la circulation des idées et des technologies.

Des personnalités comme Engelbert Kaempfer (1651-1716) commencèrent à diffuser en Europe l'histoire du Japon. Un riche courant d'information à double sens s'établit. Dejima vit se constituer un noyau de passionnés pendus aux lèvres des Hollandais, souvent de premier plan, qui y effectuaient parfois

de longs séjours, à l'instar du médecin (en réalité allemand) Philipp von Siebold (1796-1866) qui introduisit la médecine occidentale au pays du Soleil-Levant. Ce sont ces jeunes Japonais qualifiés de *rangakusha* (蘭学者), « spécialistes des études hollandaises », qui permirent au Japon de ne pas être exclu des innovations technologiques du monde extérieur.
Quand, en 1720, le shogun Tokugawa Yoshimune (1684-1751) autorisa de nouveau la publication des connaissances occidentales, le Japon connut une véritable flambée de livres exposant les usages et les techniques des « hommes aux cheveux roux » (*kōmōjin*, 紅毛人), terme désignant les Hollandais et les Anglais. Une impressionnante quantité d'innovations technologiques et d'idées réussit à s'infiltrer par ce biais au pays du Soleil-Levant, qui put dès lors se présenter dignement au rendez-vous fatidique avec les puissances coloniales.
Tel est l'arrière-plan historique de ce singulier parc à thème un peu kitsch.
Prenant modèle sur une ville du XVIIe siècle, Huis ten Bosch doit son nom à l'une des résidences de la famille royale néerlandaise à La Haye. À son ouverture au début des années 1990, il attira une foule de visiteurs, plus de quatre millions par an. La plupart voulaient goûter l'Europe, profiter d'aperçus à la Van Gogh. Puis, à mesure que le tourisme de masse entraîna de plus en plus de Japonais sur le vrai sol européen, le simulacre de Nagasaki se dépeupla. La crise déflationniste anéantit en outre nombre des grands projets touristiques que les politiques centraux et locaux avaient lancés dans une logique clientéliste. De véritables cathédrales dans le désert n'ayant aucune chance de tenir debout. Beaucoup se souviendront du grand parc aquatique intérieur Seagaia Ocean Dome, qui ferma ses portes en 2007, englouti par les dettes. Il fut démoli en 2017.
Le sort fut plus clément pour Huis ten Bosch. Criblé de dettes s'élevant à presque deux milliards de dollars, le parc déposa le bilan en 2003 et fut ensuite racheté par la société Nomura Principal Finance, avant l'arrivée en 2010 du chevalier blanc, le géant du tourisme HIS.
L'inauguration, en 2015, du premier hôtel au monde géré par des robots, Henna Hotel, contribua sans nul doute à insuffler un nouvel élan au complexe.

31

Rendre visite à la déesse du Soleil (sans franchir le seuil de sa demeure)

Aller dans un sanctuaire shintoïste revient à se rendre dans la demeure d'un *kami*, d'une divinité. Dans la religion autochtone des Japonais chaque être, chaque chose peut être un *kami*. Cette omniprésence caractéristique du divin est liée au fait que tout participe d'une nature spirituelle qui, pour se manifester, doit néanmoins être pure, exempte de la moindre souillure – *kegare* – susceptible de la compromettre. Voilà pourquoi quiconque entre en contact avec l'impur, quiconque accomplit un travail en rapport avec la mort d'hommes ou d'animaux, par exemple, occupe un rang inférieur sur l'échelle sociale.

Il existe donc plusieurs classes et types de divinités, comme il existe plusieurs lignes religieuses au sein de l'hétérogène système de croyances désigné sous le terme de *shintō*, la « voie des dieux ». Outre les forces de la nature, anthropomorphisées, et des objets et des animaux qui, pour diverses raisons, sont considérés comme de bon ou de mauvais augure, un culte impérial s'est instauré à la cour vers le VIIIe siècle en s'appuyant sur deux textes fondamentaux précédemment cités : le *Kojiki* et le *Nihon shoki*.

Ce culte impérial repose sur une cosmogonie et une série de généalogies divines érigeant la déesse du Soleil Amaterasu Ōmikami en ancêtre de la maison impériale nippone. Et Amaterasu réside en un lieu bien précis : le grand sanctuaire d'Ise (Ise Jingu), situé sur la péninsule de Shima (préfecture de Mie).

Mais qui donc est cette Amaterasu ?
Selon le *Kojiki*, Amaterasu est née de l'œil gauche de la divinité créatrice masculine Izanagi. D'après le *Nihon shoki*, en revanche, elle est issue de l'union entre Izanagi et la divinité féminine Izanami.

L'histoire de sa rivalité avec son frère Susanoo, un dieu impétueux et violent qui deviendra le seigneur d'Izumo, s'avère particulièrement intéressante. Cette rivalité – qui évoque un système de croyances expressément conçu pour expliquer un conflit, puis une réunification entre les anciens royaumes de Yamato et d'Izumo – se concrétise par leur affrontement après qu'Izanagi eut confié à Amaterasu le commandement des « hautes plaines du Ciel » (*Takamagahara*), cependant que son frère devient la principale divinité du royaume terrestre.
Fâché et déçu, ce dernier se livre à une série de méchancetés envers sa sœur, déféquant dans son palais alors qu'elle goûte les prémices de ses récoltes et écorchant son cheval avant de jeter la peau sur ses servantes occupées à tisser, dont une meurt alors d'effroi.
Irritée par le comportement de Susanoo, la susceptible déesse va s'enfermer dans une grotte, plongeant le monde dans l'obscurité et menaçant l'humanité d'extinction. Mais les myriades de divinités réunies en assemblée décident qu'Amaterasu doit quitter sa retraite et échafaudent un plan ingénieux. Un miroir est suspendu à un arbre et devant l'entrée de la caverne close, la déesse Ame no Uzume entame une danse durant laquelle elle entreprend de se dévêtir, exécutant pour ainsi dire un véritable strip-tease.

Intriguée par les encouragements et les rires des myriades de divinités, Amaterasu apparaît sur le seuil de son refuge et se voit dans le miroir. Éblouie par son propre reflet, elle demeure interdite et un dieu musclé l'extrait de force de la grotte, ramenant la douce tiédeur du soleil sur l'humanité dévastée.
Le miroir devint dès lors l'emblème d'Amaterasu, l'un des Trois Trésors de la monarchie japonaise. Quand un nouvel empereur accède au trône du Chrysanthème, il reçoit deux trésors : une épée et un bijou incurvé *magatama*. Le troisième trésor, le

miroir, est conservé au grand sanctuaire d'Ise, auquel le nouveau Tennō (empereur) rend ensuite visite.
Pour avoir un aperçu de l'architecture nippone la plus pure, *shinmei-zukuri*, mais surtout pour goûter la puissance du mythe au Japon, vous devez impérativement vous rendre au grand sanctuaire d'Ise. Ce lieu de culte situé dans une magnifique région vous permettra en outre de profiter de ravissants décors

naturels. Si l'on en croit la légende concernant l'origine du sanctuaire, une princesse Yamato aurait erré durant vingt ans à travers tout le Japon avant qu'Amaterasu en personne lui manifeste directement sa préférence pour le site en question. D'un point de vue plus pratique, néanmoins, c'est l'empereur Temmu qui fit construire au VIIe siècle le plus sacré des sanctuaires, le *Naikū* (内宮, sanctuaire intérieur) où il vous sera cependant impossible de pénétrer pour ne pas troubler la paix d'Amaterasu. Seuls les membres de la famille impériale et quelques membres du clergé ont en effet accès au saint des saints.

Le sanctuaire extérieur, ou *Gekū* (外宮), est en revanche la demeure de Toyouke Ōmikami, sœur d'Amaterasu et *kami* des récoltes et des céréales. Cette déesse a pour tâche de procurer à sa sœur de bons et savoureux repas et de lui tenir compagnie. Aux sanctuaires intérieur et extérieur s'ajoutent par ailleurs cent vingt-trois *jinja* qui font partie du vaste complexe sacré d'Ise. Pour gagner le sanctuaire intérieur, point culminant de la visite, il faut traverser le pont Uji, une splendide structure en bois qui enjambe la rivière Isuzugawa et s'avère flanquée à chaque extrémité de deux portails sacrés *torii*. Ce pont représente la voie de communication entre le monde terrestre et celui des dieux.

Le prêtre en chef de ce sanctuaire, également connu sous le nom de *Kōdaijingū*, est un membre de la famille impériale. Durant les premiers siècles suivant la fondation du lieu de culte, cette fonction fut assurée par une prêtresse, puis directement par l'empereur après la restauration Meiji et jusqu'à l'époque de Hirohito (1901-1989). Unique fille d'Akihito et sœur de l'actuel empereur Naruhito, Kuroda Sayako est aujourd'hui la grande prêtresse du sanctuaire d'Ise, bien qu'elle ait dû abandonner ses titres et son appartenance à la famille impériale suite à son mariage avec Kuroda Yoshiki, un « roturier » n'appartenant pas à la haute noblesse nippone.

Quand vous arriverez au grand sanctuaire d'Ise, vous serez certainement frappé qu'une structure comptant au moins deux mille ans d'histoire paraisse en aussi bon état. Ne soyez pas surpris : elle est rebâtie *ex novo* tous les vingt ans. La demeure d'Amaterasu ne saurait se constituer de vieux bois pourrissant. Pour la déesse du Soleil, il faut du frais et parfumé bois de *hinoki*, le précieux cyprès japonais. Pour l'entreprise de reconstruction, ou *Shikinen sengū* (式年遷宮), des cyprès de la plus haute qualité et âgés de trois cents à cinq cents ans sont abattus spécialement à cet effet, et non pas simplement achetés sur le marché. Ils proviennent de diverses contrées du Japon, les environs du sanctuaire ne parvenant pas à satisfaire les besoins malgré les tentatives de reforestation.

Les toits traditionnellement à pignons croisés en X sont quant à eux réalisés en chaume de miscanthus.

La première reconstruction eut lieu en 690, et le sanctuaire actuel a été achevé en 2013, pour le colossal montant de presque 500 millions d'euros.

32

Rendre visite aux sirènes de la péninsule aux perles

Vous êtes à Ise, la terre de la déesse du Soleil. Mais il y a d'autres femmes que vous devez absolument rencontrer maintenant que vous vous trouvez là. Des femmes particulières, que d'aucuns ont qualifiées de « sirènes » de l'Asie orientale. Si vous avez lu Ian Fleming (1908-1964) et notamment *On ne vit que deux fois* (1964), l'un des plus beaux romans de son héros l'agent secret James Bond, vous connaissez déjà ces superbes pêcheuses de perles aux seins nus, à commencer par la James Bond Girl Kissy Suzuki. Soit dit en passant, cette dernière est la seule femme gravitant autour de 007 dans la saga à lui donner un enfant, qui disparaît cependant ensuite dans le néant. Dans le film, le rôle est tenu par Hama Mie, dont l'interprétation fut très débattue.
Les *ama-san* (海女さん) sont intimement liées à la mer. Le nom même de ces incroyables plongeuses sous-marines associe l'idéogramme de la femme 女 et celui de la mer 海. Athlétiques, capables de s'enfoncer à vingt-cinq mètres sous l'eau sans autre équipement que leur coutelas, et fières, elles durent faire grande impression sur Fosco Maraini (1912-2004) quand, en 1954, il réalisa une série de clichés exceptionnels saisissant pleinement la rude nature de cette activité et la remarquable féminité émanant de ces jeunes femmes.
Durant les deux mille ans que compte cette tradition, nombre de poètes et d'intellectuels ont succombé au charme de ces sirènes. Le *Man'yōshū* (万葉集), l'anthologie de poésie classique japonaise datant d'environ 760, cite les *ama-san* à au moins deux reprises.

L'illustre dame de cour Sei Shōnagon en parle dans ses *Notes de l'oreiller*, une des plus grandes œuvres de la littérature nippone rédigée au tournant de l'an mille : « La mer est une chose épouvantable, même dans les meilleurs moments. Comme elle doit être terrifiante pour ces pauvres femmes contraintes de plonger dans ses abysses pour survivre ! Qu'adviendrait-il si la corde attachée autour de leur taille venait à se rompre ? Je n'ai aucun mal à imaginer un homme accomplir ce travail, mais à une femme il faut un courage au-dessus du commun. Une fois que cette dernière s'est glissée dans les flots, les hommes assis confortablement dans le bateau chantent à pleine voix, jetant de temps en temps un œil à la corde d'écorce de mûrier qui flotte sur l'eau. C'est incroyable : ils ne se soucient pas un instant des risques encourus par la femme. Quand, enfin, elle veut remonter, elle tire sur la corde et les hommes la hissent hors de l'eau avec une hâte bien compréhensible. Elle enjambe alors le bord du bateau, à bout de souffle. Le spectacle est tel que quiconque y assiste sent ses paupières se mouiller. Personne, à mon avis, ne mérite de faire un travail de ce genre. »

Voilà sans nul doute la description la plus vive de la tâche et de l'existence des *ama-san*. L'origine de cette tradition des pêcheuses de perles demeure assez floue. D'aucuns la relient aux femmes Moken, la population austronésienne également connue sous le nom de Gitans de la mer, qui menait une vie essentiellement nomade et se déplaçait de côte en côte, n'optant que rarement pour la sédentarité.

Généralement associées à la pêche à la perle, les *ama-san* ont en réalité toujours plongé pour récolter à mains nues nombre de produits de la mer comestibles. Au départ exclusivement vêtues d'un pagne (*fundoshi*), elles ont au fil du temps complété leur équipement. Elles portent désormais une tenue de plongée ou un *isobi*, une sorte de combinaison de lin blanc.

Il s'agit d'une activité strictement féminine, et l'initiation débute dès le plus jeune âge. Les femmes qui l'exercent cultivent avec fierté le profond sentiment d'indépendance qu'elles éprouvent à l'égard de l'univers masculin.

Il existe principalement deux méthodes de pêche. L'une est pratiquée par les *funado ama*, qui gagnent le large en bateau avant de plonger en atteignant des profondeurs inouïes avec

un lest. L'autre est celle des *kachido ama*, qui longent pour leur part la côte en nageant et descendent un peu moins profond. Elles ont une formidable aptitude à demeurer en apnée. Leur technique de respiration appelée *isobue* (磯笛) se caractérise par un sifflement qui a été classé parmi les « 100 sons du Japon » et qui consiste à vider les poumons de l'air qui s'y trouve pour les remplir d'air frais et pouvoir ainsi rester plus longtemps sous l'eau. Leur base à terre est une cabane désignée sous le terme d'*amagoya*.
Les *ama-san* se distinguent en outre par leur longévité en activité. Certaines d'entre elles âgées de plus de 80 ans continuent de plonger. Mais cela s'explique aussi par un manque de relève générationnelle. Il s'avère de plus en plus difficile de trouver des jeunes femmes prêtes à mener cette rude existence et à perpétuer une tradition qui risque donc de disparaître.

Il est encore possible de rencontrer les *ama-san*, qui sont objectivement devenues une attraction touristique, en se rendant à Toba. Une fois sur place, profitez-en pour faire le tour de la baie en bateau et admirer ses séduisants petits îlots. Vous finirez irrémédiablement par accoster à l'île des perles Mikimoto, qui abrite également un important musée et vous permettra par ailleurs d'observer les *ama*.
Cette région du Japon doit en réalité beaucoup à un homme dénommé Mikimoto Kōkichi (1858-1954), le fondateur de la firme homonyme, réputé dans le monde entier pour avoir inventé la culture perlière.
Enfant, Mikimoto est très pauvre. À 13 ans il perd son père, un vendeur de nouilles *udon*, et doit quitter l'école pour se lancer dans le commerce de légumes afin de procurer de quoi manger à sa famille, comme tout fils aîné se doit de le faire.
On imagine sans peine l'effet que les monumentales pêcheuses *ama-san* ont pu produire sur un garçon de cet âge. Les perles le fascinèrent au point qu'il consacra sa vie à produire le spécimen parfait.
Il entreprit d'élever des huîtres et, après moult échecs, il réussit à l'aube du XXe siècle à obtenir des perles de culture presque impossibles à distinguer des perles naturelles.

33

Se rendre à l'extrême sud du Japon et se retrouver à Naples

Si vous connaissez bien Naples, vous savez qu'il existe dans le quartier Vomero une rue qui s'appelle via Kagoshima, du nom d'une ville nippone qui se trouve à l'extrême sud de Kyūshū, la plus méridionale des quatre îles principales du Japon.

Pourquoi la cité parthénopéenne a-t-elle ressenti le besoin d'intégrer dans sa toponymie une référence à une contrée si lointaine ? Et même une place, Largo Kagoshima, située dans le Centre directionnel conçu, d'ailleurs, par un Japonais, l'architecte Tange Kenzō ?

Une question identique se pose à propos de l'artère Napoli-dōri (avenue Naples), à Kagoshima, et du tramway portant le nom de la cité parthénopéenne. La réponse réside dans le jumelage administratif en vigueur depuis le 3 mai 1960.

Kagoshima est une importante localité du Japon non seulement par sa taille, mais aussi par son histoire. Il s'agit en effet de la ville majeure de l'ancien fief de Satsuma, qui était l'un des plus puissants. Et qui a toujours eu une forte propension à entretenir des rapports, pacifiques ou conflictuels, avec l'étranger.

Satsuma était dominé par le clan féodal Shimazu. Et quand les premiers Occidentaux débarquèrent au Japon en 1543, ce fut justement sur ses terres, plus précisément sur une île dénommée Tanegashima. Passagers à bord d'un navire chinois, les Portugais en question possédaient un objet crucial dont l'importance n'échappa pas aux autochtones : le fusil qui, au pays

du Soleil-Levant, prit le nom de l'île où il fit ainsi son apparition. En pleine période dite « des provinces en guerre » (*Sengoku Jidai*), une arme aussi fatale constituait un précieux atout.
La cité était par ailleurs un port très animé en relation avec les îles Ryūkyū, alors indépendantes et vassales tant du Japon que de la Chine. Le royaume ayant en son cœur Okinawa, qui fait aujourd'hui partie intégrante du pays du Soleil-Levant, servait en quelque sorte d'intermédiaire dans les échanges entre les deux géants asiatiques.
Kagoshima a également joué un rôle fondamental dans l'arrivée des premiers chrétiens au Japon. Le célèbre Anjirō, de son nom de baptême Paulo de Santa Fé qui, pour autant qu'on le sache, fut le premier catholique japonais, était en effet originaire de cette ville.
Loin d'être un saint, Anjirō était issu de la classe des samouraïs et se voyait destiné à une existence aisée, mais il commit un crime et dut prendre la fuite. Dans le port de la cité, il croisa un commandant portugais dénommé Alvaro Vas qui l'aida à se rendre à Malacca où, en 1547, il fit la rencontre de sa vie : le père jésuite François Xavier (1506-1552).
Anjirō avait réussi à apprendre un peu de portugais et, lors d'une conversation avec le futur saint, il se montra si convaincant qu'il le persuada d'aller au Japon.
Le Nippon devint l'interprète de saint François Xavier et après avoir été baptisé à Goa, il partit pour l'archipel en compagnie du père jésuite et d'autres religieux de l'ordre. C'est ainsi qu'après les armes à feu, le catholicisme fut la deuxième innovation occidentale introduite au pays du Soleil-Levant par le biais du fief de Satsuma.
Même si, il faut le dire, les Japonais ne comprirent pas véritablement que cet étrange barbare importait une nouvelle religion : la confusion verbale qui s'instaura entre la figure de Dieu et celle du Bouddha Dainichi tourna aussitôt en faveur de son acceptation par les locaux. Mais quand François Xavier tenta ensuite d'entrer un peu plus dans les détails et qualifia le bouddhisme de mensonge, il se heurta tout d'abord au désarroi, puis à la franche hostilité des moines bouddhistes qui avaient pourtant apprécié au départ le père barbare.
Saint François Xavier essaya même d'aller convertir l'empereur

à Kyōto, mais il ne put ne serait-ce que le rencontrer et finit par se rendre à Yamaguchi, qu'il quitta pour Goa en 1551.

Le bon Anjirō demeura à Kagoshima pour tenir les rênes de la mission, mais sans grand succès.

Avoir à sa tête le charismatique François Xavier et se retrouver sous la direction sujette à caution de Paulo de Santa Fé étaient deux choses très différentes.

Nul ne sait précisément ce qu'il advint de ce dernier. D'aucuns affirment qu'écrasé par les persécutions antichrétiennes, il mourut en défendant sa foi. D'autres prétendent en revanche qu'il rallia les « pirates japonais » ou « bandits nains » *wakō* (倭寇) – les Japonais comptant en réalité pour une minorité seulement dans ce groupe composé d'une multitude d'ethnies – et périt lors d'une razzia menée contre les côtes chinoises.

Le fait est que la mission catholique à Kagoshima périclita et il faudra attendre l'arrivée d'une seconde vague jésuite pour assister à un regain de ferveur chrétienne chez les Japonais, une flambée par la suite impitoyablement réprimée.

Le deuxième contact de Kagoshima avec l'Occident s'avéra moins cordial.
En 1854, comme nous l'avons vu, le Japon fut contraint d'ouvrir ses ports. Nombre de seigneurs féodaux opposés au pouvoir shogunal des Tokugawa se soulevèrent contre la puissance étrangère et attaquèrent le shogunat alors en déclin.
Un marchand britannique, Charles Lennox Richardson (1834-1862), fut assassiné en 1862 par des samouraïs appartenant au clan de Satsuma. Cet épisode suscita l'indignation au sein des étrangers bénéficiant de l'extraterritorialité, et Londres demanda réparation au seigneur féodal, qui lui opposa une fin de non-recevoir. La Royal Navy dépêcha alors une escadre devant Kagoshima et entre le 15 et le 17 août 1863, les navires de Sa Majesté britannique bombardèrent la ville.
Les forces de Satsuma résistèrent avec héroïsme et finirent par se déclarer victorieuses, même si elles s'acquittèrent des réparations. D'importantes relations s'établirent dès lors entre Satsuma et les Britanniques, et ce aussi parce que les fiers samouraïs de ce fief avaient compris qu'avec leur considérable retard technologique, ils n'étaient pas de taille à lutter et que le moment était donc venu de s'affranchir de l'ancien régime Tokugawa. Satsuma devint ainsi l'un des moteurs du processus menant à la chute du shogunat et à la restauration Meiji.

Kagoshima a par conséquent un long passé de relations avec l'Occident, nul ne peut le nier. Mais avec Naples ? Pourquoi d'intenses rapports culturels se sont-ils établis à partir de 1955, pour ensuite culminer par la signature d'un jumelage le 3 mai 1960 ?
Vous aurez la réponse sous vos yeux en allant à Kagoshima. Observez la baie, regardez l'imposante présence du volcan Sakurajima, qui ne manqueront pas de vous rappeler le golfe de Naples et le Vésuve. Vous comprendrez alors pourquoi Kagoshima est surnommée « Naples de l'Asie de l'Est » et pourquoi les deux villes sont jumelées.

34

Boire le plus vieux saké du monde

Ne le prenez pas au pied de la lettre : si vous deviez vraiment boire le plus vieux saké du monde, vous finiriez probablement intoxiqué. Mais il est possible de visiter au Japon la plus ancienne fabrique de saké au monde. Et de goûter un produit réalisé comme autrefois. Pour apprécier l'expérience, il faut bien entendu ne pas être abstinent ! Nous avons déjà évoqué les origines du saké au pays du Soleil-Levant, en indiquant que le meilleur riz (et donc le meilleur saké) se trouve vraisemblablement dans la préfecture de Niigata. Une telle affirmation expose son auteur à mille critiques et revendications diverses : l'esprit de clocher, notamment en matière de gastronomie, n'est pas moins prononcé en terre nippone qu'en territoire français. Chacun prétend que son saké est le meilleur, et il n'a sans doute pas tort. Si un natif de Niigata considère qu'il n'y a de saké qu'à Niigata, pourquoi un natif de la préfecture de Hyōgo ne tiendrait-il pas le même genre de discours ? L'ancienneté de la production de saké s'avère en revanche moins subjective. Une poignée de brasseries continuent d'exister depuis les temps les plus reculés, résistant aux guerres et aux catastrophes qui se sont succédé dans un pays où ce type d'épisode n'a pas manqué.

Le Japon compte plusieurs brasseries (*kura*, 蔵) très anciennes, qui ont toutes une importante tradition historique à défendre. À Itami, la fabrique de saké Konishi Shuzō fondée en 1550 est considérée comme la plus vieille brasserie détenue sans discontinuer par la même famille.

C'est dans cette fabrique que le saké clair fut produit pour la première fois, et ses propriétaires furent les premiers à adopter les classiques tonnelets cornus (*tsuno-daru*) pour transporter, même sur de longues distances, leur saké très prisé. Leur produit le plus connu s'appelle Shirayuki, « Blanche Neige » (白雪), un nom que la vue de la cime enneigée du mont Fuji inspira au deuxième chef de la famille-entreprise, Konishi Sōtaku.

Nagaoka, dans la préfecture de Niigata, abrite pour sa part la brasserie Yoshinogawa Shuzō, fondée en 1548, qui fabrique du saké avec son propre riz et de l'eau thermale.

L'eau joue un rôle crucial pour la qualité du saké, qui en est composé pour plus des trois quarts. Plus que le riz lui-même, l'eau constitue en réalité la vraie base du saké. Comme chacun sait, le riz est tout d'abord lavé (ce qui requiert déjà beaucoup d'eau), puis cuit à la vapeur. Il est ensuite mélangé avec du *kōji* (*aspergillus oryzae*), un champignon filamenteux qui fait office d'agent de fermentation. Cette dernière (*shikomi*) a lieu dans de grandes cuves où riz, *kōji* et eau sont ajoutés par trois fois en quatre jours. Tout le processus repose à l'évidence sur la qualité du riz, le potentiel de fermentation de l'*aspergillus oryzae*, et bien entendu la qualité de l'eau.

La préparation fermente alors durant un peu plus d'un mois, après quoi elle est pressée, filtrée et mise en bouteilles.

Cela paraît très simple, mais il n'en est rien.

Pour produire du saké, il faut pour commencer disposer d'eau en abondance. Une eau en outre raffinée, pauvre en fer (faute de quoi le saké s'oxyde au fil du temps et devient foncé) et en manganèse (qui, ajouté à l'action du soleil, rend le saké moins limpide). La présence dans l'eau de potassium, de magnésium et d'acide phosphorique favorise en revanche la fermentation. Ces éléments et leur quantité s'avèrent d'une importance fondamentale pour savoir comment et dans quelle mesure moduler les opérations nécessaires à l'obtention d'un bon saké.

Naturellement au XVIe siècle et avant, personne n'était capable de procéder à des analyses chimiques pour déterminer la composition de l'eau et la production se déroulait au gré des expériences, bonnes ou mauvaises. Ceux qui réussirent à fabriquer le meilleur saké devinrent célèbres, au point d'être encore en activité aujourd'hui et toujours autant prisés.

Pour en revenir à la liste des plus anciennes fabriques de saké du Japon, citons la brasserie Tomita Shuzō (préfecture de Shiga, sur les rives du lac Biwa) détenue depuis le milieu du XVIe siècle par quinze générations de la même famille, qui se distingue par une histoire jalonnée de nombreuses expérimentations.
La brasserie Shusen-kurano opère quant à elle à Nagano depuis 1540, et la brasserie Yamaji Shuzō fondée en 1532 dans le Hokuriku entretient sa notoriété par la mise en œuvre de nou-

veaux projets et a tout misé sur la production bio. À Itami, ne manquez pas de goûter le saké de la fabrique Kenbishi Shuzō, créée en 1505 et comptant depuis toujours parmi les géants de ce marché.
La préfecture d'Akita abrite par ailleurs la brasserie Hiraizumi Honpo, qui existe depuis 1487, quand Christophe Colomb n'avait pas encore découvert l'Amérique.
Mais même cette fabrique de saké n'est pas la plus ancienne du Japon.

Le 11 mars 2011, Sudō Genuemon était au volant de sa voiture dans les environs de la ville de Kasama (préfecture d'Ibaraki) quand un séisme de magnitude neuf secoua tout le nord-est du Japon. La terreur s'empara de Sudō, d'autant que le tremblement de terre fut suivi d'un tsunami dévastateur, mais le mouvement tellurique n'affecta que partiellement son activité : cinquante-cinq générations d'ancêtres lui avaient appris qu'aucun arbre ne devait être arraché pour empêcher ainsi les glissements de terrain et qu'il ne fallait pas s'établir sur la côte ou trop près d'un fleuve. Ses ancêtres n'avaient en revanche pas prévu la troisième phase du désastre, l'accident nucléaire de Fukushima qui risqua de mettre un terme à une activité

remontant, d'après plusieurs sources, à 1141 et faisant ainsi de Sudō Honke la plus ancienne fabrique de saké du Japon.
Il y avait en effet toutes les raisons de craindre que la radioactivité dégagée par la centrale de Fukushima Daiichi se trouvant à cent trente kilomètres de la brasserie n'ait contaminé l'eau, principal ingrédient du saké. À l'issue des contrôles effectués sur des réservoirs souvent pluriséculaires, il s'avéra que l'eau était saine. Depuis lors, cependant, des échantillons sont envoyés en laboratoire tous les deux mois pour analyse.
La salubrité de l'eau eut beau être confirmée, la brasserie Sudō Honke n'en fut pas moins au bord de la fermeture. Les gens se méfiaient et nombre de clients préférèrent s'abstenir. Il fallut du temps à la fabrique pour remonter la pente, mais elle a désormais repris sa place et son titre de doyenne des producteurs de saké encore en activité au Japon.

35

Écouter les tambours au château noir du Corbeau

Tout se passe la dernière semaine de juillet. En vous approchant de l'imposant château noir de Matsumoto, surnommé « le Corbeau » en raison de sa couleur et de sa forme, vous percevez de plus en plus distinctement des roulements de tambours (*taiko*, 太鼓). Le fracas rythmé de ces instruments si importants dans la tradition japonaise, qui auraient une origine divine.

Ils seraient en effet nés de la danse de la déesse précédemment citée Ame no Uzume, dont le strip-tease fit sortir de la grotte où elle s'était réfugiée la courroucée déesse du Soleil Amaterasu, ramenant ainsi lumière et tiédeur sur la terre. Si l'on en croit un des deux grands recueils de mythes nippons, le *Nihon shoki*, Ame no Uzume aurait exécuté son obscène prestation sur un tonneau de saké vidé par ses soins.

Les pieds de la déesse frappant ce tonneau auraient créé le son du tambour, qui devint dès lors l'un des principaux instruments de musique du Japon.

En réalité le tambour, comme beaucoup d'autres choses, est probablement arrivé de Chine au pays du Soleil-Levant en passant par la Corée. Une preuve irréfutable atteste sa présence à la période Kofun (300-538) : une tombe à tumulus a livré une statuette votive de type *haniwa* représentant un joueur de tambour. L'instrument se prêta aussitôt à divers usages, pas seulement musicaux. Il était certainement utilisé pour la musique de cour, mais avec la diffusion des clans guerriers il fut également adopté pour rassembler et motiver les troupes, et comme moyen de communication sur le champ de bataille.

Aux tambours de petite taille s'ajoutèrent ainsi de gros modèles dont le son profond continue de retentir à l'occasion des spectacles donnés sur scène par les *kumi-daiko* (組太鼓), les ensembles de joueurs de tambours traditionnels nippons.
Ces groupes ont l'air traditionnel, mais sont en réalité une création moderne. Dans les années 1950, un célèbre joueur de tambour dénommé Oguchi Daihachi (1924-2008) inventa ce genre de spectacle qui remporta aussitôt un grand succès au Japon et dans le monde entier.

Mais revenons au château du Corbeau. C'est la dernière semaine de juillet et du sombre monument vous parvient le son rythmé et énergique d'une multitude de tambours. Vous décidez de partir à la découverte de cette explosion de puissance. Mais avant de gagner le château, pourquoi ne pas profiter de l'occasion pour libérer vous aussi votre énergie en vous initiant au *taiko* sous la direction de maîtres avertis ?
Des groupes de joueurs arrivent des différentes régions du Japon car le *taiko* est un instrument très apprécié dans tout le pays, et ils se produisent en divers points de la ville. C'est seulement en fin d'après-midi que débute le spectacle proprement dit dans l'enceinte du château du Corbeau. Les groupes se succèdent, jusqu'aux plus professionnels. La dernière prestation a lieu quand la nuit est déjà tombée et consiste généralement en une sorte de *jam session* réunissant tous les ensembles ayant pris part au spectacle.

Mais il y a une autre raison de se rendre au château du Corbeau (Karasu-jō, 烏城), qui accueille le *Matsumoto-jō taiko matsuri* (松本城太鼓祭り). Trésor national du Japon, tout comme deux autres grands châteaux – celui du Héron blanc à Himeji et celui de Kumamoto – le château de Matsumoto constitue l'un des exemples les plus remarquables de cette architecture apparue au XVIe siècle et conçue afin de garantir une protection contre les redoutables armes adoptées après l'arrivée des Occidentaux : les arquebuses et les canons.
Le château de Matsumoto a été entièrement construit dans la seconde moitié du XVIe siècle. Composé d'un corps central, de remparts monumentaux et d'un ample fossé, il a pour carac-

téristique de se dresser dans une plaine. Les seigneurs du fief de Matsumoto le dirigèrent d'une main de fer tout au long de la période Edo.
À la chute du shogunat, le château en ruine penchait nettement en raison d'un défaut de construction. La légende populaire imputait en revanche cette inclinaison à la pendaison d'un homme dont l'histoire mérite que l'on s'y arrête pour dissiper aussi le mythe du Japonais conformiste, autoritaire et peu habitué à emprunter la voie de la rébellion.
Fils d'un riche chef de village, Tada Kasuke était non seulement instruit, mais également un fervent partisan des doctrines néo-confucéennes en vogue sous la domination des Tokugawa.
En 1680, cependant, il fut destitué de la fonction de chef de village héritée de son père, non pas pour avoir volé ou s'être mon-

tré malhonnête envers son seigneur féodal, bien au contraire, sa seule faute consistant à s'être montré trop indulgent avec les paysans.

Les seigneurs de Matsumoto étaient particulièrement rapaces et quand, en 1686, ils augmentèrent les impôts à un niveau intolérable, Kasuke se fâcha. Accompagné d'une poignée de paysans de son village (Azumidaira) qui lui étaient fidèles, il se rendit au sanctuaire shintoïste local. Il rédigea une plainte à présenter au magistrat de Matsumoto, puis se mit en route avec ses compagnons pour aller la porter en ville. En chemin, le cortège ne cessa de grossir.

C'est une foule déchaînée qui arriva au château du Corbeau, se livrant à des pillages et des attaques, une vraie révolte connue précisément sous le nom de Rébellion de Jōkyō. Confrontés à cette situation et en l'absence du *daimyō* (seigneur féodal), alors à Edo, les administrateurs du fief se virent contraints de renoncer à la hausse des impôts. Kasuke pensa avoir gagné, mais en novembre (selon le calendrier lunaire), le calme étant désormais revenu dans les esprits, les administrateurs organisèrent une rafle pour arrêter Kasuke et ses partisans. Et quelques jours plus tard, Kasuke fut pendu à la vue de tous sur les remparts du château, avec vingt-sept autres paysans, dont son frère cadet, la fiancée âgée de 16 ans de ce dernier, et deux de ses enfants de respectivement 12 et 8 ans.

Les bourreaux de Kasuke appartenant au clan Mizuno furent par la suite voués à l'oubli, tandis qu'avec le temps la figure de Tada Kasuke finit par être vénérée comme un martyr. Si vous allez à Matsumoto, entre deux spectacles de tambours n'hésitez pas à visiter le sanctuaire *shintō* Jōkyō Gimin-sha consacré aux martyrs de la révolte.

36

Attendre les fées sur l'étang bleu de Shirogane

Il y a un endroit dans l'extrême nord du Japon où vous ne seriez pas surpris si brusquement, derrière les troncs bien droits d'arbres morts, vous aperceviez des fées diaphanes, pâles et transparentes.

Les fées n'existent pas, mais le site est un incroyable petit lac aux eaux turquoise qui se trouve à Hokkaidō, la plus septentrionale des quatre îles principales de l'archipel, et plus précisément entre les villes de Furano – connue pour sa station de ski – et d'Asahikawa.

Hokkaidō est une terre magique, la moins nippone des îles du Japon avec Okinawa, un lieu qui ne faisait même pas partie du pays du Soleil-Levant jusqu'à la fin du XIXe siècle. Il s'agit, comme nous l'avons déjà vu, du territoire des Aïnous, où les *kami* nippons cèdent le pas aux *kamui* de la population indigène. Où le renard roux Ezo et l'ours règnent en maîtres incontestés. Où la furie des volcans procure le sulfureux plaisir d'un bain chaud dans de merveilleux *onsen*. Cette nature volcanique est inscrite dans le nom même de Furano, qui vient bien entendu d'un terme non pas japonais, mais aïnou : *furanui*, qui signifie plus ou moins « flamme malodorante ».

La puanteur en question se réfère sans doute à l'odeur d'œuf pourri du soufre que charrie la rivière Furano toute proche et qui provient du mont Tokachidake, un volcan actif ou, mieux encore, le point culminant (plus de deux mille mètres d'altitude) d'un complexe volcanique dénommé Tokachi.

En cas d'éruption, l'eau de la rivière et la neige fondue par la chaleur de la lave s'écoulent en aval à grande vitesse, créant une dévastatrice coulée de boue désignée en Indonésie - où ce phénomène caractéristique se produit également - sous le terme de *lahar*.
Nous reviendrons bientôt sur cette particularité volcanique.

Site naturel vraiment spectaculaire, Furano fait partie du Parc national de Daisetsuzan (Grandes montagnes enneigées) comptant seize sommets de plus de deux mille mètres qui forment trois chaînes volcaniques : Tokachi, Daisetsuzan et Shikaribetsu. Réserve naturelle la plus étendue du Japon, le parc abrite une faune sauvage très diversifiée.
La petite ville de guère plus de vingt mille habitants est réputée pour ses carottes, ses oignons et son délicieux melon.
Les champs de lavande constituent une autre attraction touristique de la région. Cette culture lancée au milieu du siècle dernier ravit au printemps l'âme romantique des Japonais par ses vastes tapis de fleurs.
Une visite payante est possible à bord d'un bus couleur lavande, évidemment.
Un petit train mène par ailleurs de Furano à la cité de Biei.
La route panoramique Patchwork Road qui s'offre à la promenade sillonne un séduisant paysage rural aux accents de campagne occidentale, très apprécié des Japonais.

Il y a une bonne raison pour laquelle la campagne d'Hokkaidō est aussi peu japonaise. Comme nous l'avons dit, ce pan du Japon a été « colonisé » - le terme *kaitaku* (開拓) utilisé à ce propos évoque le défrichement ou la colonisation d'un territoire inexploré - dans la seconde moitié du XIXe siècle, et plus particulièrement après la restauration Meiji.
Pour les Japonais de l'époque, cette région ne devait pas être très différente de l'Ouest américain : elle avait ses « Indiens », les Aïnous, et ses étendues encore vierges à convertir en terres agricoles. Les oligarques détenant le pouvoir sous le grand empereur Meiji jugèrent bon de confier la supervision du projet à des citoyens américains, qui avaient connu ce type de colonisation dans leur pays.

Après 1868 et pour accélérer davantage la modernisation à marche forcée, le gouvernement nippon demanda à de nombreux dirigeants occidentaux de fournir des techniciens rémunérés bien entendu sur ses fonds propres. Ces *Oyatoi gaikokujin* (お雇い外国人), ou « conseillers étrangers », comptèrent par exemple quelques Italiens appelés pour la plupart à intervenir en matière artistique, et non technique.

La majorité des *Oyatoi gaikokujin* étaient des Britanniques, auxquels s'ajoutaient aussi beaucoup de Français et d'Allemands. Mais pour ce qui concerne la colonisation de ce territoire du Nord baptisé Hokkaidō seulement après la restauration, pour ne plus l'associer aux populations indigènes, le gouvernement japonais fit essentiellement appel à des Américains, à commencer par un ancien général nordiste de la guerre de Sécession, Horace Capron (1804-1885), et un professeur, William Smith Clark (1826-1886), fondateur du Collège agricole de Sapporo, l'actuelle université d'Hokkaidō. Clark a gravé les esprits romantiques par l'adieu qu'il adressa à ses élèves quand, fièrement juché sur son cheval, il leur lança avant de partir une phrase qui résonnera pour toujours à leurs oreilles : « *Boys, be ambitious !* » (« Les gars, soyez ambitieux ! »).

Vous n'avez cependant pas fait le voyage jusqu'à Biei et Furano pour voir des champs de lavande et manger du melon. Vous avez gagné cette destination reculée parce que vous avez entendu parler d'un lieu enchanté où vous ne seriez pas surpris de croiser des fées et autres créatures surnaturelles.
Voilà comment vous y rendre. Une fois à Biei, prenez le bus conduisant à l'*onsen* de Shirogane. Les rotations quotidiennes étant rares, renseignez-vous bien sur les horaires. Sur le trajet, un arrêt s'appelle Shirogane Aoiike Iriguchi. C'est là qu'il faut descendre, avant d'emprunter à pied un chemin à travers la forêt. N'ayez crainte : vous n'aurez pas plus de dix minutes de marche.
Vous découvrirez alors brusquement un étang aux eaux turquoise dénommé Aoi Ike (青い池). Le site est magique et n'a en réalité rien de naturel. Il s'agit d'un lac artificiel issu des travaux exécutés sur la rivière Biei pour tenter d'empêcher le phé-

nomène évoqué plus haut des coulées de boue produites par le volcan Tokachidake. Il s'est plus précisément formé suite à la construction d'un barrage après l'éruption de décembre 1988. Sa couleur est entièrement le fruit du hasard et due à la présence dans l'eau d'hydroxyde d'aluminium et d'autres minéraux, ce qui rend par conséquent toute baignade interdite. C'est un photographe, Takahashi Masumi, qui l'a fait connaître au public en publiant en 1998 un magnifique livre de photographies intitulé *Blue River*.

37

Contempler la fugacité de la vie devant les deux cent mille tombes de l'Okunoin

Le mont Kōya (Kōyasan) vaut clairement le détour. Cité dans tous les guides, il s'avère au programme de n'importe quel voyage organisé et propose même des formules de séjour dans ce qui constitue le plus grand complexe sacré bouddhiste du Japon.

Mais ce site classé au Patrimoine de l'humanité abrite un lieu spécifique où vous devez absolument entrer, vous perdre, passer tout le temps dont vous disposez, en oubliant même que le temps existe. Un lieu qui, par nature, fait justement abstraction du temps. Il s'agit de l'Okunoin (奥の院), le cimetière où se trouvent le mausolée du fondateur de l'école bouddhiste Shingon et de l'ensemble des temples du mont Kōya, l'illustre moine Kūkai, et deux cent mille autres tombes. Oui, vous avez bien lu : deux cent mille.

Mais reprenons depuis le début : qui était Kūkai et pourquoi a-t-il créé la merveille qui s'offre à vos yeux ?

Kūkai, plus connu sous le nom de Kōbō-Daishi (Grand maître diffuseur de la Loi bouddhique), est la figure la plus marquante de tout le bouddhisme nippon : un religieux doublé d'un linguiste, d'un poète et d'un éminent politicien. Un personnage dont l'influence ne s'est jamais démentie, que ce soit de son vivant ou bien après sa mort. Même si l'on ne peut pas vraiment parler de mort dans le cas de Kūkai, comme nous le verrons bientôt.

Né en 774 sur l'île de Shikoku, Kūkai est issu d'une famille noble

déchue et son génie se révèle dès son plus jeune âge. Il fait un jour un rêve et a une révélation : le Bouddha Vairocana lui apparaît comme la voie du salut et le Bouddha universel. Cette vérité était énoncée dans un texte ésotérique, le *Mahavairocana Tantra*, qui ne se trouvait pas dans toutes les bibliothèques du Japon et qui, disponible uniquement en sanskrit, ne lui aurait été d'aucune utilité puisqu'il ne pratiquait pas cette langue. Les hommes du VIIIe siècle n'avaient ni Google Books, ni Amazon. Il lui restait une seule solution : aller là où il pouvait se procurer une version intelligible, à savoir en Chine.

Accompagnant une ambassade des Fujiwara, le clan qui domine alors le gouvernement du Japon, il a ainsi l'occasion d'admirer la magnificence de Chang'an, la grande capitale de la dynastie Tang (618-907), et devient l'élève de l'illustre moine Huiguo (746-805), l'un des principaux maîtres de l'école bouddhiste ésotérique Zhenyan.

Dès leur rencontre, le maître sait qu'il fera de ce jeune Japonais son successeur au titre de patriarche et il lui confie la mission de diffuser les enseignements du Zhenyan au Japon, où il prendra le nom de Shingon. En 806, Kūkai regagne sa patrie et mène une carrière de politicien, plus que de moine. Cette

activité dure dix ans, jusqu'à ce qu'en 1816 le maître demande à l'empereur Saga (786-842) l'autorisation de se retirer sur le mont Kōya pour y bâtir son temple. Ayant obtenu le feu vert du souverain, il entame les travaux du plus important complexe religieux du Japon bouddhiste. Kūkai voulait que le mont Kōya soit un mandala (représentation géométrique de l'univers) et plus exactement le très symbolique Mandala des deux royaumes (*Ryōkai mandara*) qui, selon le patriarche, permettait la manifestation immédiate de Bouddha. Plus qu'une métamorphose, l'image entend produire une transcendance du monde apparent pour pénétrer la véritable nature de chacun, en dépassant le dualisme entre extérieur et essence et en établissant une connexion directe entre l'homme et le Tout. Cette représentation se veut une sorte de raccourci spirituel vers l'illumination : avec elle, plus besoin de transmigrations pour atteindre l'état de Bouddha et nous pouvons devenir « Bouddha dans notre propre corps » (*sokushinbutsu*, 即身仏).
Kūkai n'eut pas le temps de voir son temple idéal complètement achevé, mais il réussit à devenir un « Bouddha dans son propre corps ». À sa mort en 835, sa dépouille ne fit pas l'objet d'une crémation et Kūkai fut enterré dans l'état de méditation profonde où il s'était plongé pour repousser la mort (pratique du *sokushinbutsu*). Lorsque son tombeau fut rouvert quelque temps plus tard, aucun signe de décomposition ne fut relevé et il apparut même que les cheveux et les ongles du maître avaient continué de pousser. D'après la tradition populaire, Kūkai reposerait simplement en attendant la venue du Bouddha du Futur, Miroku (à savoir le Bouddha Maitreya). Durant les siècles suivants, beaucoup d'autres moines adoptèrent une démarche identique et observèrent une ascèse extrême consistant en une sorte d'« automomification de son vivant ». Seuls quelques-uns y parvinrent, à dire vrai.

Le mausolée de Kūkai se trouve sur le mont Kōya, et plus précisément dans l'Okunoin qui constitue l'un des lieux les plus magiques de tout le Japon. Une fois le pont Ichi-no-hashi franchi, vous aurez l'impression de pénétrer dans un cadre enchanté où la nature domine en procurant la paix aux deux cent mille défunts qui s'y trouvent. Des âmes en attente, pas des dépouilles.

Un sentier s'étire sur environ deux kilomètres à travers une forêt de cèdres séculaires, au milieu des tombes revêtant les formes les plus disparates, certaines très anciennes, d'autres plus modernes.
Des sépultures de moines, surtout, mais aussi de guerriers, de seigneurs féodaux. S'y ajoutent les tombes d'entreprises parmi les plus grandes du Japon, dont la plus connue s'avère vraiment insolite : il s'agit de celle d'une société de désinsectisation qui, pour se faire pardonner d'avoir exterminé des termites, a fait inscrire sur la pierre tombale la mention « Termites, reposez en paix ».
Le cimetière abrite également une copie de la célèbre Stèle nestorienne, un monument historique majeur car il témoigne des débuts du christianisme en Chine.
La stèle d'origine fut dressée en 781 à X'ian, l'ancienne capitale chinoise. Elle prouve que pendant cent cinquante ans, le christianisme nestorien eut cours et put faire des prosélytes dans l'Empire du Milieu. C'est le missionnaire syriaque Alopen qui introduisit cette religion en provenance de Da Qin, comme les Chinois appelaient l'Empire romain d'Orient. En 845, la stèle – que Kūkai eut probablement l'occasion de voir – fut enterrée lors d'une campagne de persécution anti-bouddhiste (qui toucha aussi les chrétiens nestoriens), avant d'être redécouverte en Chine au XVIIe siècle.
La visite s'achève par le mausolée de Kūkai, situé à l'extrémité nord du cimetière et précédé du Pavillon des lanternes où brillent, dit-on, dix mille lanternes, dont certaines seraient allumées depuis mille ans. Chaque jour, des moines y exécutent des cérémonies et apportent de la nourriture au fondateur de leur école et du temple.
Sur place, vous ne saurez demeurer insensible au puissant charisme qui se dégage encore de ce moine âgé de mille deux cents ans, et ne manquerez pas de sentir sa présence. Une présence qui n'est peut-être pas qu'une simple sensation.

38

Se rendre sur l'île aux Lapins, sans oublier son effroyable passé

Vous aimez les petits lapins ? Lequel d'entre nous n'a jamais eu dans son enfance un petit lapin, sinon vivant, du moins en peluche ? Nul doute qu'aujourd'hui encore, leur vue vous attendrit. Les Japonais vouent pour leur part un véritable culte aux animaux de compagnie, au point que l'idée de manger du lapin leur fait horreur, contrairement aux Français. Le jour où vous recevrez un invité nippon, évitez par conséquent de lui servir du lapin chasseur au repas !
Il existe un endroit au Japon où les lapins règnent en maîtres. Ils vivent en absolue liberté et il est interdit de les chasser. Même aux chiens et aux chats, qui n'ont d'ailleurs pas le droit de cité. Il s'agit d'une île : Okunoshima.

Trouver Okunoshima sur une carte géographique ne présente aucune difficulté à l'heure actuelle. L'île est en effet réputée, les touristes la fréquentent depuis maintenant longtemps et si vous effectuez une brève recherche sur Internet, vous tomberez sur Rabbit Island, l'île aux Lapins ou, comme l'appellent les Japonais, Usagi shima (ウサギ島). Vous découvrirez des articles de tourisme, les photos des adorables petits lapins, des reportages relatant combien c'est agréable de les caresser. Mais aussi d'autres articles, d'autres histoires ayant apparemment peu de choses à voir avec l'univers *kawaii* de ces sympa-

thiques rongeurs. Okunoshima se situe au large d'Hiroshima, un lieu comme chacun sait hautement symbolique, et compte parmi les îlots de la mer intérieure de Seto. D'une superficie de moins de un kilomètre carré, le site offre un relief de collines, principalement. L'île se reconnaît instantanément, même de loin, car à son sommet se dresse le pylône le plus haut du Japon, qui mesure deux cent vingt-six mètres.
Elle figure donc bien sur les cartes. Aujourd'hui, du moins, car n'importe quel un document antérieur à 1945 ne mentionne pas cet îlot insignifiant dont l'existence était frappée du sceau du secret.
À la fin du XIXe siècle, Okunoshima compte vingt-six habitants appartenant à quatre familles de pêcheurs. L'île présente un certain intérêt stratégique, mais n'est guère plus qu'un rocher dans la mer séparant le Honshū du Shikoku.

1918 marque la fin de la Première Guerre mondiale, un conflit surtout européen dans lequel Tōkyō joua un rôle marginal, mais qui fut l'occasion d'expérimenter de nouvelles et redoutables armes à l'égard desquelles le Japon se montra aussi intéressé qu'inquiet. Les yeux des généraux impériaux se braquèrent en particulier sur l'usage des gaz. Imaginer que le principal ennemi du moment, la Russie devenue communiste, puisse posséder des armes de ce genre à utiliser en Sibérie et en Extrême-Orient empêchait les chefs militaires nippons de dormir. Ils réunirent alors un comité de trente experts chargés de déterminer de quels gaz il s'agissait et leur champ d'action à des fins belliqueuses.
Parmi les membres de ce comité, le scientifique Koizumi Chikahiko (1884-1945) fut le premier à produire un gaz toxique au Japon. En 1919, il partit étudier en Europe et aux États-Unis. Autre personnage clé de cette histoire, le lieutenant-colonel Hisamura Taneki fut lui aussi envoyé en Europe pour se perfectionner dans l'emploi des gaz toxiques.
La même année vit la création d'un Quartier général technique de l'armée dont dépendait un Institut de science et techniques de l'armée composé de deux sections spécifiques, l'une dédiée à la physique, et l'autre au développement d'armes chimiques. En 1925, l'Institut lança un programme pour la production de

munitions chimiques, bien que Tōkyō ait signé le Protocole de Genève interdisant le recours à ces effroyables instruments de mort. Quand, en 1927, il fallut décider de l'endroit où installer l'usine d'armes chimiques, l'État-major dut trouver un site à l'abri des regards indiscrets, mais pas trop isolé pour pouvoir établir des lignes d'approvisionnement et y envoyer un grand nombre d'ouvriers. Le choix se porta ainsi sur Okunoshima.

L'île fut vidée des quelques familles qui y résidaient et les ouvriers de l'usine furent recrutés dans les villages voisins, à commencer par Tadanoumi, sur la terre ferme. Ils arrivaient chaque jour pour travailler, puis repartaient chez eux. Les civils ordinaires n'avaient pas le droit de poser le pied sur l'île qui, comme nous l'avons vu, fut entièrement rayée des cartes, même les plus détaillées.

L'usine fut inaugurée en 1929, en présence de toutes les autorités. Il n'est pas certain que ces dernières aient eu bien

conscience de ce à quoi devait servir cette nouvelle structure que les locaux considéraient comme une promesse de travail pour l'avenir également.

Les ouvriers d'Okunoshima recevaient des salaires assez élevés et suscitaient l'envie des riverains de Tadanoumi. Quelques-uns d'entre eux firent des demandes pressantes pour obtenir un poste à l'éclatement du conflit, pour éviter aussi de prendre part aux hostilités. Mais la généreuse rémunération avait un prix : les accidents étaient fréquents et, vu la nature de l'activité, extrêmement dangereux.

Pendant la guerre, la minuscule île accueillit jusqu'à six mille ouvriers, un nombre équivalent à celui des accidents survenus dans l'usine si l'on en croit le bilan établi au terme du conflit.

Au début de la guerre sino-japonaise en 1937, les gaz produits à Okunoshima furent expédiés dans l'Empire du Milieu et mis à la disposition d'unités spéciales qui firent largement usage de l'arme chimique.

Le conflit se solda par plus de trente-cinq mille intoxiqués et deux mille morts du côté chinois.

À la fin de la guerre, les documents concernant l'usine furent détruits et les forces alliées d'occupation firent disparaître tout le matériel. Pendant de nombreuses années, personne n'eut ainsi connaissance de ce qui s'était passé, malgré les enquêtes menées et les volumineux dossiers constitués par des officiers militaires américains.

Avant la fin du conflit, Okunoshima abritait déjà des lapins qui servirent à tester les effets des armes. Mais les lapins qui réjouissent aujourd'hui la vue des touristes ne sont pas les descendants de ces cobayes qui soit périrent lors des expériences, soit furent mangés dans les moments les plus durs de la guerre. Il s'agit de lapins sauvages européens qui descendent de huit spécimens lâchés en 1971 par des écoliers. N'ayant rencontré aucun ennemi sur l'île, ils se sont reproduits... comme des lapins. Et sont désormais environ un million.

39

Gravir les trois montagnes de Kumano à la rencontre des dieux

Vous aurez désormais compris qu'au Japon, le syncrétisme prévaut en matière de religion : croyances et traditions religieuses tendent ainsi à cohabiter et à se combiner en un mélange auquel chacun adhère en tout ou partie, sans jamais perdre de vue la possibilité, l'intérêt rituel d'accepter ou non un système de croyances.
L'un des sites nippons où cette fusion des religions apparaît le plus clairement est le complexe shinto-bouddhiste de Kumano Sanzan, les trois montagnes de Kumano. Il s'agit d'un des hauts lieux de la profonde religiosité nippone, qui fait l'objet d'un important pèlerinage.

Il convient avant tout d'apporter une précision : le pays du Soleil-Levant regorge de Kumano-jinja, c'est-à-dire de sanctuaires de Kumano. Il en existe quelque chose comme trois mille dans tout le Japon, liés au processus de propagation, ou plus exactement de partition de la divinité appelé *bunrei* (分霊) qui équivaut en gros à allumer une bougie en approchant sa mèche d'une bougie déjà allumée, pour obtenir au final deux bougies différentes mais brûlant du même feu.
L'origine du culte de Kumano est cependant très précisément définie et renvoie aux sanctuaires des trois montagnes de Kumano, dans la préfecture de Wakayama (péninsule de Kii), soit la région des anciennes capitales de Nara et Kyōto.
Ce territoire classé au Patrimoine de l'humanité de l'Unesco

revêt par conséquent une grande valeur paysagère et culturelle. Kumano Sanzan se compose de trois sanctuaires primordiaux dédiés au culte de Kumano : le Kumano Hongū-taisha, le Kumano Hayatama-taisha et le Kumano Nachi-taisha.
Situés à une quarantaine de kilomètres maximum les uns des autres, ils représentent les trois étapes d'un pèlerinage dénommé Kumano Kōdō (熊野古道), « ancienne route de Kumano ».
Le parcours comprend trois itinéraires principaux sillonnant une

montagne densément boisée, avec des arbres magnifiques. Grâce au courant chaud du Pacifique connu au Japon sous le nom de Kuroshio (黒潮), la zone enregistre de fortes précipitations propices au développement d'imposants cryptomérias, cyprès et hinokis.

D'une importance confirmée depuis la nuit des temps, ces lieux de culte *shintō* ont toujours constitué une étape entre l'ancienne capitale, Kyōto ou, encore avant, Nara, et le grand sanctuaire d'Ise, foyer de la déesse du Soleil Amaterasu, ancêtre de la Maison impériale. Dès le IVe siècle, les cortèges de la famille impériale empruntaient cette route escarpée pour atteindre le lieu de culte ancestral, conformément à la tradition. La voie maritime aurait, certes, été plus rapide, mais à l'époque la technologie navale n'était ni particulièrement avancée ni sûre.

Les itinéraires de pèlerinage longent la crête montagneuse, réservant quelques panoramas à couper le souffle et s'enfonçant au milieu des arbres et d'une nature intacte. Le parcours est ponctué de sources et de stations thermales, et plusieurs cascades offrent l'occasion de pratiquer le *misogi*, l'ablution rituelle dans les eaux d'une chute d'eau qui a pour fonction de purifier le corps (et l'esprit) de toute contamination.

Nombre d'histoires entourent ce cheminement. Fujiwara no Teika (1162-1241) raconte que lors du pèlerinage de l'empereur retiré Go-Toba (1180-1239), le cortège s'arrêta pour la nuit dans un village au nom étrange pour des oreilles japonaises : Chikatsuyu (血か露, qui signifie « sang » ou « rosée »). Un terme singulier issu d'une légende selon laquelle l'empereur Kazan (968-1008), effectuant le même pèlerinage, fit halte dans le village pour déjeuner. N'ayant pas de baguettes pour manger, ses serviteurs lui coupèrent deux fins roseaux et à la vue du liquide rouge s'écoulant des tiges, le souverain s'exclama : « Est-ce du sang ou de la rosée ? »

Outre les trois sanctuaires *shintō*, la région abrite également deux temples de l'une des principales sectes antiques du bouddhisme japonais : la *Tendai*, dérivant de la secte chinoise *Tiantai*. Il s'agit d'une école raffinée qui revêtit une grande importance à l'époque Heian et que le moine Saichō (767-822) fonda au Japon après un voyage en Chine. Dénommés Fudarakusanji et Seigantoji, les temples furent créés au IVe siècle par un moine venu directement d'Inde, Ragyō Shōnin. En quête d'un endroit où méditer au calme, ce dernier aurait vu apparaître en rêve la Kannon à l'emplacement où se dresse aujourd'hui le Seigantoji.

La coexistence, sur un même territoire, de sanctuaires *shintō* et de temples bouddhiques n'a rien de surprenant, pas plus que leur administration commune dans le passé. Les deux religions ont en effet collaboré durant une bonne partie de leur histoire, allant jusqu'à connaître une hybridation doctrinale moyennant quoi les divinités bouddhistes – Bouddha et bodhisattvas – seraient devenues des *kami* (divinités locales) pour convertir plus facilement les Japonais. Il s'agit de la théorie connue sous le nom de *honji suijaku* (本地垂迹), où *honji* signifie « terre d'origine » et *suijaku*, « trace ».

Plus précisément, les trois *kami* vénérés dans les sanctuaires de Kumano furent considérés comme des manifestations nippones des bodhisattvas Senju Kannon, Yakushi Nyorai et du Bouddha Amida.

Ce syncrétisme doctrinaire s'affirma sans heurts dans la mentalité des Japonais, du moins jusqu'à la restauration Meiji, quand les législateurs voulurent scinder les deux religions en instaurant un shintoïsme d'État.

Kumano conserve des exemples notables de cette fusion religieuse qui, parfaitement visibles à l'œil nu, rendent le cadre encore plus séduisant.

Un site, en particulier, laisse littéralement bouche bée : Nachi Taisha, avec la haute pagode de Seigantoji et, en arrière-plan, une magnifique cascade, Nachi no Taki, autrefois vénérée elle aussi comme une divinité. Culminant à cent trente-trois mètres, cette chute à étage unique est la plus élevée du Japon et offre un spectacle que vous n'oublierez pas de sitôt.

40

Se rendre au temple des chats qui saluent

Est-il besoin d'expliquer ce que sont les *maneki-neko* ? Vous en aurez certainement déjà vu en France aussi : dans les restaurants japonais et chinois, dans presque tous les magasins tenus par des commerçants en provenance de Chine, voire dans quelques boutiques ou maisons françaises. Les « chats qui invitent » (招き猫) n'ont désormais plus rien d'exotique. Mais il existe un endroit à Tōkyō où ils abondent tellement que vous ne supporterez plus les chats, où ces statuettes sont si nombreuses qu'on a du mal à les compter. Mais avant de vous en parler, arrêtons-nous un instant sur la signification et l'histoire de ce symbole très japonais.

Il convient tout d'abord de procéder à une importante distinction entre les *maneki-neko* qui saluent de la patte droite pour attirer argent ou chance, et ceux qui lèvent la patte gauche, plus spécialisés dans le secteur du commerce car leur principale fonction consiste à inviter les clients à entrer. Il y aurait même des *maneki-neko* agitant les deux pattes, mais pour la plupart des gens y recourir serait un signe de cupidité, une tentative de s'enrichir plus que de raison.

Les chats traditionnellement représentés sont tricolores, mais des variantes chromatiques ont récemment fait leur apparition, allant du blanc au noir en passant par le doré et une version *kawaii* rose. La grammaire des couleurs en vigueur pour ces porte-bonheur associe par exemple le rose à l'amour, le vert à la réussite scolaire, etc.

Mais quelle est l'origine du *maneki-neko* ?

Partons des légendes. La plus marquante veut qu'en 1633 le

招福
招福
千万両
千万両
招福

grand seigneur féodal de Hikone, Ii Naotaka (1590-1659), se soit trouvé à Edo quand, lors d'une battue de chasse, il fut surpris par une effroyable tempête. Il alla donc, très imprudemment, se mettre à l'abri de la pluie sous un gros arbre. Et tandis qu'il attendait qu'il ne pleuve plus, son attention fut attirée par un chat qui se trouvait à l'entrée d'un petit temple bouddhique. Le félin levait sa patte comme pour l'inviter à entrer dans l'enceinte du sanctuaire.

Intrigué, le guerrier décida d'aller voir ce drôle d'animal et à peine eut-il quitté la protection du feuillage que la foudre s'abattit sur l'arbre, le réduisant en cendres. Il eut la vie sauve grâce au chat, qui devait certainement avoir une nature divine. Aujourd'hui encore, la ville de Hikone a pour mascotte un chat blanc dénommé Hikonyan.

Nous reviendrons plus tard sur cette légende.

En voici maintenant une autre relatée par le *Bukō nenpyō* (武江年表), une chronologie de l'époque d'Edo.

Dans le quartier d'Asakusa, toujours à Edo, vivait une vieille femme qui adorait son chat. Mais très pauvre et malade, elle ne pouvait pas même prendre soin d'elle. Elle finit par perdre sa maison et dut bien malgré elle se séparer de son matou, en l'incitant à se trouver un nouveau maître. Quelque temps plus tard, le chat lui apparut en rêve : il lui demanda de fabriquer une statuette à son effigie et de la faire bénir pour qu'il puisse à son tour s'occuper d'elle, et non l'inverse.

La petite vieille suivit les instructions du félin, et comme promis le sort tourna en sa faveur, au point de lui permettre de racheter sa demeure.

Au-delà des différentes légendes, le chat fait indubitablement figure de porte-bonheur dans l'esprit des Japonais. Surtout le chat noir, censé voir mieux que n'importe qui dans l'obscurité, effacer les maléfices et attirer la fortune.

La présence des *maneki-neko* est attestée à partir de la fin de la période Edo dans la capitale japonaise. Une des célèbres estampes *ukiyo-e* d'Utagawa Hiroshige (1797-1858) s'intitule *Jōruri machi hanka no zu* (浄るり町繁栄の図) et illustre une scène de marché, avec un étal proposant des *marushime-neko*, qui sont des *maneki-neko* assis de profil, et non de face. L'œuvre date de 1852. Ces statuettes de terre cuite étaient réa-

lisées selon la technique de l'*Imado-yaki* caractéristique des secteurs d'Imado et Hashiba, l'actuelle partie nord-orientale du grand quartier d'Asakusa.
Imado abrite encore aujourd'hui un sanctuaire *shintō* dans l'enceinte duquel une stèle commémore la naissance du style *Imado-yaki* et qui serait l'un des lieux où la tradition des *maneki-neko* aurait vu le jour.
Mais revenons à la légende d'Ii Naotaka et du chat qui lui sauva la vie. L'histoire, en effet, ne s'arrête pas là. Un samouraï d'un tel rang ne saurait se montrer ingrat, surtout à l'égard d'un chat magique. Et ce aussi parce que si les chats sont considérés comme bienveillants et porte-bonheur au Japon, les Nippons n'en décèlent pas moins une double nature, une face obscure chez le félin.
Invité par le chat à entrer dans le temple, Naotaka fit la connaissance du gardien des lieux, un pauvre vieux moine qui lui offrit du thé et de quoi se restaurer. Il devint dès lors le protecteur de ce temple dont il finança les travaux d'agrandissement et d'embellissement.
Au fil du temps, le sanctuaire changea de nom et prit celui de Gōtokuji, ou Temple de la Grande Bienveillance, celle bien entendu du seigneur féodal, son riche protecteur qui le rendit si important et l'érigea qui plus est en sanctuaire ancestral de son clan, avec son cimetière dédié.
Le centre religieux est voué au bouddhisme zen, autrefois de la secte Rinzai, et désormais de la secte Sōtō.
Les chats sont omniprésents dans l'enceinte du temple. Les centaines de *maneki-neko* qui entourent une belle stèle figurant une Kannon, bodhisattva de la bienveillance, offrent un spectacle absolument charmant.
Le site est facile d'accès et la visite, rapide : de Shinjuku, prendre le train Odakyū jusqu'à la station Gōtokuji, justement. Le voyage dure une demi-heure et vaut la peine pour prendre un vrai bain de chance.

41

Visiter l'île navire de guerre

Hashima est une île inhabitée. Ou plus exactement une île abandonnée. Pourtant, elle figure au Patrimoine de l'humanité de l'Unesco. Et ce non pas, je peux vous l'assurer, parce qu'elle abrite une nature luxuriante ou des espèces animales en voie d'extinction. Bien au contraire : l'île est entièrement bétonnée et revêt la forme d'un grand navire de guerre, d'où son nom de Gunkanjima (軍艦島), l'« île cuirassé ».

Alors, pourquoi le Japon a-t-il voulu que ce site soit classé et pour quelle raison l'agence des Nations unies pour la culture lui a-t-elle accordé cet honneur ?
Les motifs de cette décision sont à rechercher principalement dans son passé historique, à la fois unique et controversé.
L'île se situe au large de la péninsule de Nagasaki, et donc dans l'extrême sud du Japon. Nul ne sait précisément à partir de quand elle fut fréquentée, mais des cartes datant de la période Edo la mentionnent, preuve qu'elle était connue, sans pour autant être habitée.
Il existe plusieurs versions de la découverte qui marqua son histoire. Selon la légende locale de Takashima, une autre île voisine, un homme dénommé Goheita aurait allumé un feu en 1695 et constaté que la pierre du foyer s'enflammait. Il apparut ainsi que le sous-sol renfermait du charbon que le clan féodal de Hizen, la famille Fukahori, et les membres de la communauté locale commencèrent à exploiter avec des outils rudimentaires. Au fil du temps, ils entreprirent aussi d'en faire le commerce, de sorte que la zone d'extraction ne cessa de s'étendre.

L'argent généré par le charbon aiguisa néanmoins l'appétit des Nabeshima, seigneurs du domaine de Saga et d'un rang hiérarchique supérieur. Après que les vaisseaux noirs de Perry eurent contraint le Japon d'ouvrir ses ports, Nagasaki devint un nœud crucial dans les échanges commerciaux avec la Chine que les embarcations des compagnies occidentales réalisaient avec l'appui décisif de leurs navires de guerre. Et ces embarcations, dont les voiles furent alors remplacées par des moteurs à vapeur à charbon, avaient besoin de beaucoup de combustible. Une affaire juteuse, en somme, que les Nabeshima ne voulurent pas laisser échapper.
S'arrogeant tous les droits, ils commencèrent à engranger des devises étrangères. Mais la production demeurait rudimentaire et la restauration Meiji lança de nouveaux mots d'ordre avec la modernisation, l'adoption de modèles étrangers et le recours à des techniciens occidentaux.
L'exploitation du charbon de Takashima fut notamment confiée à une entreprise britannique, Glover & Co., fondée par Thomas Glover (1838-1911). Ce dernier importa de la mère patrie des machines occidentales et engagea des techniciens britanniques, introduisant l'excavation verticale selon une technique moderne et créant ainsi la première mine de charbon à la pointe du progrès de tout le Japon.
Les Fukahori ayant de leur côté obtenu du clan hiérarchiquement supérieur l'autorisation d'explorer d'autres îles, ils finirent par trouver encore plus de charbon dans la rocheuse et apparemment inexploitable île de Hashima. C'était en 1887. Trois ans seulement plus tard, ils vendirent l'île à un conglomérat industriel *zaibatsu* (財閥, les trusts japonais de l'époque) dénommé Mitsubishi, qui avait déjà racheté pour un montant considérable la mine de charbon voisine de Takashima. Ce très puissant groupe industrialo-bancaire sera le propriétaire du site pendant un siècle.
Le charbon était alors le combustible de l'essor industriel du Japon. Et les guerres, son coefficient multiplicateur. Le conflit sino-japonais de 1894-1895, puis russo-japonais de 1904-1905 se soldèrent par d'importantes victoires tant pour l'orgueil nationaliste – dans le premier cas, le Japon l'emporta sur son grand frère chinois, et dans le second, la première puissance

asiatique donna une leçon à une nation occidentale, considérée de surcroît comme prédominante à l'époque – que pour le développement industriel. Et en 1910, le pays du Soleil-Levant s'empara également de la Corée en l'annexant de force.
Mitsubishi intensifia la production à Hashima, extrayant le charbon non seulement sur la terre ferme, mais aussi au fond de la mer. Pour offrir de meilleures conditions de travail à ses ouvriers et créer des logements et autres structures, le groupe étendit par ailleurs l'île en gagnant du terrain sur la mer et éleva la

haute muraille caractéristique qui conféra au site l'aspect d'un navire de guerre.
Vers 1910, trois mille individus travaillaient et vivaient sur ce que tout le monde appelait désormais Gunkanjima.
De cent cinquante mille tonnes par an en 1915, la production passa à plus de quatre cent mille tonnes en 1941 (à l'éclatement du second conflit mondial). L'effort de guerre avait encore une fois besoin de charbon.
Le problème, c'est que la production reposait en grande partie sur le travail forcé d'ouvriers coréens et chinois. Et en une période de crise profonde qui se solderait par la défaite, les mineurs furent soumis à d'effroyables conditions de travail. On estime qu'au moins 1 300 périrent dans des accidents, mais aussi de malnutrition. Voilà pourquoi les gouvernements des deux Corées et de la Chine s'opposèrent à l'inscription de Gunkanjima au Patrimoine de l'humanité, en déclenchant une polémique dont la fragile résolution consista, pour Tōkyō, à prendre l'engagement de commémorer les victimes.

À la reddition en 1945, peu de gens croyaient que Gunkanjima pourrait renaître. Mais ce fut le cas. À l'éclatement de la guerre de Corée (1950-1953), le Japon relança très fortement son économie. La demande de charbon progressa, et la population de l'île navire de guerre aussi. En 1959, plus de 5 200 personnes occupaient un territoire d'environ six hectares.
Mitsubishi dota l'île de tout le nécessaire : habitations, restaurants, un temple bouddhiste, un sanctuaire shintoïste, un bordel. La vie sociale se déroulait dans un labyrinthe de tunnels souterrains ; les logements allaient des minuscules appartements des employés des entreprises sous-traitantes à ceux, plus spacieux et élégants, des techniciens de la société mère. Certes, l'existence ne devait pas être simple sur un territoire complètement isolé, qui risquait de manquer de nourriture et d'eau à la moindre tempête, et qui n'avait pas un brin de végétation. Ce n'est pas la guerre, mais le pétrole et l'atome qui eurent raison de l'île. Progressivement, le brut et l'énergie nucléaire remplacèrent la houille et en 1974, Mitsubishi mit un terme à la production. Le dernier habitant quitta l'île le 20 avril de cette année.

Ne restèrent sur place que quelques chats abandonnés par leurs propriétaires.

Mitsubishi céda la propriété de l'île en 2002 et en 2005, les autorités de Nagasaki décidèrent de la regrouper administrativement avec la ville de Takashima. La visite de Hashima est autorisée depuis 2009.
La rejoindre n'a rien de difficile. Plusieurs compagnies de navigation touristique proposent de s'y rendre. Le cadre évoque un film de science-fiction et vous aurez probablement l'impression de vous trouver sur un plateau de tournage. Mais Gunkanjima est un lieu à considérer avec respect pour ce qu'il a représenté non seulement pour les ouvriers et les techniciens qui y ont travaillé avec peine et dévouement, mais aussi et surtout pour le grand nombre d'entre eux qui y sont morts. Le décor est sans nul doute incroyable, tout comme l'histoire qu'il reflète. Ne ratez pas l'occasion de partir à sa découverte !

42

Traverser les instables ponts suspendus de la secrète Vallée des ancêtres

Pénétrer dans les entrailles du Japon est une expérience à ne manquer sous aucun prétexte. Et pour cela, il faut se rendre dans une des trois régions cachées. Les Japonais aiment le chiffre 3 : les trois montagnes sacrées, les trois plus beaux jardins, les trois châteaux les plus importants, les trois vues les plus célèbres, etc. Quand il s'agit d'établir des classements, ils préfèrent généralement fonctionner par trio. Désignées collectivement sous le terme de *sandaihikkyō* (三大秘境), les trois régions cachées sont la vallée de Shirakawa (préfecture de Gifu), la vallée de Shiiba (préfecture de Miyazaki) et la mystérieuse vallée d'Iya, sur l'île de Shikoku.

Toutes sont d'une remarquable beauté. La vallée de Shirakawa, par exemple, abrite les caractéristiques villages historiques de Shirakawa-gō et Gokayama, avec leurs typiques maisons aux toits de chaume pentus construites selon le style architectural *gasshō-zukuri* (合掌造り). Ce site enchanteur baigne dans une atmosphère sacrée qu'il tient de son passé de lieu dévolu à des pratiques religieuses et ascétiques.

La vallée de Shiiba, sur l'île de Kyūshū, jouit elle aussi du charme de l'isolement et offre un décor de montagnes et de gorges, de culture du riz en terrasses qui ravit littéralement le regard.

Mais des trois, celle que je préfère est la vallée d'Iya, que je vous conseille vivement de découvrir pour vivre une expérience

hors du commun et saisir combien l'existence y était autrefois compliquée quand il fallait franchir les ponts en lianes de glycine suspendus à une hauteur vertigineuse.

Quelques mots, tout d'abord, pour vous présenter la vallée d'Iya. Nous sommes dans le Shikoku, la plus petite des quatre îles principales composant l'archipel, mais pas pour autant la moins importante car elle fut dans le passé le cadre de colonisations et de batailles et constitue encore aujourd'hui l'endroit idéal pour appréhender la tradition nippone antique.
Le terme Iya a une étymologie incertaine. Selon l'éminent spécialiste du folklore japonais Yanagita Kunio précédemment cité, il renvoie dès l'Antiquité à l'endroit où résident les esprits des ancêtres. Voilà pourquoi, avec l'adoption des caractères chinois, cette vallée fut désignée par l'idéogramme 祖谷, qui signifie justement « vallée des ancêtres ».
Dans l'ancestrale tradition japonaise, les denses forêts et la montagne sont par ailleurs le réceptacle des *kami*, les divinités, mais aussi les esprits. Les habitants de l'archipel ont toujours éprouvé une crainte révérencielle à l'égard de la montagne, où

ils se sont effectivement beaucoup moins installés qu'ailleurs, et pour la forêt.
Isolée et très difficile d'accès, la vallée d'Iya représentait quant à elle un site idéal pour quiconque cherchait refuge ou devait se cacher.
Ce n'est pas un hasard si les Heike s'y établirent après leur défaite à la guerre Genpei (1180-1185). Ce conflit, que nous avons déjà évoqué, est relaté dans un des piliers de la littérature nippone, *Le Dit des Heike.*

En voici le résumé.
À la fin de la période Heian, la cour impériale avait désormais perdu une grande partie de son pouvoir au profit de branches provinciales des familles nobles spécialisées dans l'art de la guerre. Deux clans, en particulier, s'affrontèrent pour l'hégémonie : les Minamoto, ou Genji, et les Taira, ou Heike.
Les Taira semblèrent tout d'abord l'emporter, mais après la mort du chef du clan, Taira no Kiyomori (1118-1181), la capacité militaire du chef des Genji, Minamoto no Yoritomo (1146-1199), alliée au courage héroïque des autres membres du clan, à commencer par le frère cadet de Yoritomo, Minamoto no Yoshitsune (1159-1189), fit pencher la balance en faveur de ces derniers.
Lors d'un historique et sanglant combat naval, Dan-no-Ura (25 avril 1185), l'armée des Taira fut défaite. L'empereur-enfant Antoku (1178- 1185) périt également à cette occasion, jeté dans la mer par sa grand-mère – une Taira – pour ne pas tomber entre les mains des ennemis Minamoto.
La tradition veut que les Heike vaincus se soient réfugiés dans le Shikoku, et plus exactement dans la reculée vallée d'Iya.
Mais pour se déplacer au sein de cette dernière, ils devaient franchir de profondes gorges où s'écoulaient de tumultueux cours d'eau. N'ayant bien entendu ni le temps ni les moyens de réaliser de solides ouvrages d'ingénierie, ils construisirent par conséquent des ponts avec ce dont ils disposaient : les glycines.
La glycine est une plante grimpante très agressive et à croissance rapide. Ils firent donc pousser ces lianes jusqu'à obtenir la longueur voulue pour les tresser et fabriquer des ponts suspendus suffisamment résistants, mais certainement pas autant qu'un pont de bois.

Caractéristiques de ce site, les ponts suspendus sont appelés *kazurabashi* (かずら橋) ou ponts de lianes, justement.
Autrefois au nombre de treize, il n'en subsiste plus que deux à l'heure actuelle : Otto no hashi (夫の橋) et Tsuma no hashi (妻の橋), soit le « pont du mari » et le « pont de l'épouse ».
Situés l'un à côté de l'autre, exactement comme un mari et sa femme, ils sont collectivement appelés Oku-Iya no kazurabashi (奥祖谷のかずら橋).
Le premier mesure 44 mètres de long, et le second, précisément la moitié. Les traverser est une expérience inoubliable.
Il convient de progresser lentement, en se tenant fermement aux deux mains courantes latérales en lianes.
En cas de vertige, mieux vaut ne pas regarder en bas, entre les lattes de bois du plancher qui sont très espacées.
Il faut à l'évidence avoir le cœur bien accroché pour entreprendre la traversée de ces ponts particulièrement instables.
La peur et la décharge d'adrénaline seront au rendez-vous si vous feignez d'ignorer l'existence des câbles d'acier qui, dissimulés sous les lianes, garantissent désormais une sécurité absolue. Vous pouvez donc en être sûr : le pont ne cédera pas sous votre poids.

13

Emprunter l'ancien tracé reliant les deux capitales

Bien que le Japon ait la réputation d'être un pays à la pointe de la technologie – une réputation justifiée à bien des égards – le moyen de locomotion le plus répandu n'en demeure pas moins, encore et toujours, les jambes. Quiconque fréquente l'archipel sait combien la marche s'avère prépondérante. À Tōkyō, par exemple, il existe un réseau de transports publics très bien organisé et d'une parfaite efficacité, mais pour l'utiliser il faut se déplacer à pied. Les stations tentaculaires poussent chaque jour les usagers à parcourir des kilomètres de couloirs et de tunnels les reliant les unes aux autres, sans parler du chemin à faire à pied au sein de chacune d'entre elles.

Les Japonais vouent d'ailleurs depuis toujours un véritable culte à la marche à pied. Dans l'Antiquité les trajets, même excessivement longs, étaient pour la plupart effectués à pied. Et certains des chefs-d'œuvre de la littérature nippone sont le fruit autant des pieds que de l'esprit de leurs auteurs. Prenez *Oku no hosomichi* (奥の細道), *La sente étroite du Bout-du-Monde* du poète voyageur Matsuo Bashō (1644-1694).

Les sculptures et les dessins représentent systématiquement Bashō avec un chapeau de paille de paysan dans la main ou sur la tête et un long bâton pour s'aider sur un chemin difficile et escarpé. Ses *haiku* (俳句) illustrent l'un des sommets jamais atteints par la poésie nippone et s'inspirent des sensations éprouvées lors de ses voyages. Les dix-sept syllabes de ses poèmes dressent de petits tableaux semblables à des instantanés artistiques de ce que son regard a croisé.

Par ailleurs, qui dit voyage dit route.

Hokusai – lui aussi souvent représenté avec un bâton de marche à la main – n'aurait jamais pu gagner les lieux qu'il a décrits dans ses splendides gravures *ukiyo-e* s'il n'y avait pas eu de chemins tracés. Le grand artiste publia ainsi des recueils tels que les *Trente-six vues du mont Fuji*, dont *La grande vague de Kanagawa* constitue la pièce maîtresse et qui rivalisent en notoriété avec *Les cinquante-trois stations du Tôkaidô* de l'illustre Utagawa Hiroshige (1797-1858).
Le Tōkaidō (東海道), ou route de la mer Orientale reliant Edo et Kyōto à l'époque d'Edo, était l'itinéraire que suivaient les magnifiques cortèges des *daimyō*, les seigneurs féodaux, pour rejoindre la capitale shogunale où ils devaient séjourner conformément au système *sankin-kōtai* qui obligeait le feudataire à passer une année sur deux à Edo et à y laisser femme et enfants en otages quand il retournait dans son fief. Un moyen d'affaiblir des clans guerriers qui auraient pu faire de l'ombre aux Tokugawa.
Cette voie revêtait donc une importance primordiale et aujourd'hui encore, la principale ligne de train rapide s'appelle Tōkaidō Shinkansen.

L'ancien Japon comptait cinq grandes routes, et selon le principe cher aux Romains également, toutes convergeaient vers la capitale shogunale Edo. Outre le Tōkaidō, citons le Kōshū Kaidō (Edo-province de Kai, dans l'actuelle préfecture de Yamanashi) ; l'Ōshū Kaidō (Edo-préfecture de Fukushima) ; le Nikkō Kaidō, conduisant au mausolée du fondateur de la dynastie shogunale, Tokugawa Ieyasu, dont nous avons déjà parlé ; le Nakasendō (中山道) ou route des montagnes du centre, la plus longue de toutes avec ses soixante-neuf stations, qui reliait elle aussi Edo et Kyōto, comme le Tōkaidō, mais en passant par le centre du Japon. Soit cinq cents kilomètres en tout. Le chemin se faisait habituellement à pied, en raison également des limitations imposées par le shogunat, de sorte que les stations devaient fournir repas de qualité et repos aux voyageurs et se trouver à la bonne distance les unes des autres.

J'ai mentionné l'ère Edo, mais en réalité le réseau des artères majeures a une origine beaucoup plus ancienne. Le Tōkaidō

et le Tōsandō (première dénomination du Nakasendō) existent en réalité depuis l'adoption du *Ritsuryō* (律令), le système de lois pénales et civiles qui forgea l'ancien État japonais. C'était au VIIIe siècle, même si le Nakasendō semble remonter au VIIe siècle.

Comme souvent dans l'histoire japonaise, le modèle retenu pour le tracé de ces voies est issu de la Chine impériale. D'aucuns le considèrent d'ailleurs comme le tronçon final de la Route de la Soie.

Durant la période Heian, ces routes n'étaient pas interdites aux sujets ordinaires, mais les barrages, les fonctionnaires circonspects et les obstacles en tout genre qui les jalonnaient n'incitaient pas non plus ces derniers à les emprunter. Dans les provinces les plus éloignées de la capitale impériale, les voyageurs étaient du reste davantage en butte aux voleurs et aux brigands qu'aux fonctionnaires.

Avec l'effondrement du système impérial Heian, le pays entama une longue phase où les périodes de guerre se succédèrent

et furent bien plus nombreuses que celles de paix, jusqu'à ce qu'au début du XVIIe siècle Tokugawa Ieyasu rétablisse par décret le système des grandes routes. Durant les deux cent cinquante ans de paix de la période Edo, ces voies devinrent les artères du commerce dans le pays et furent continuellement parcourues par une foule de voyageurs. Samouraïs, moines, marchands cheminaient pour affaire, en pèlerinage, voire à des fins touristiques.
C'est à l'ère Edo que le réseau des cinq routes susmentionné fut créé et que le Nakasendō prit ce nom.

Comme dans le cas des voies romaines, à commencer par la Via Appia, l'ancien Nakasendō a été englobé dans le tracé des routes et autoroutes modernes. Trois tronçons ont néanmoins survécu et font figure de témoignages historiques. Il s'agit en outre de sections revêtant un charme immense et une importance culturelle.
L'un mène de l'ancienne station de Wada-shuku au col de Wada, dans la centrale et panoramique préfecture de Nagano. Le deuxième relie Shiojiri-juku à Midono-juku, deux autres stations de la route antique, toujours dans la même province. Le troisième tronçon encore existant conduit de Tsumago-juku à Magome-juku, dans la préfecture de Gifu, d'où partait également le Kisoji, une route de soixante-dix kilomètres traversant la magnifique vallée de Kiso.
Aujourd'hui encore il est possible d'effectuer de longs trajets à pied en suivant le Nakasendō, pour profiter d'un autre Japon, disparu mais qui a existé et qui fait partie de l'ADN d'un pays en mutation où le passé est néanmoins toujours présent.

44

Visiter le mont Yoshino, paradis des cerisiers en fleur

Le mont Yoshino et sa vallée se visitent au printemps. Et plus précisément au moment fugace où les cerisiers sont en fleur. Il apparaît alors clairement pourquoi ce décor a ravi tant de poètes japonais, et notamment le plus grand d'entre eux, Matsuo Bashō, que ces lieux enchantèrent littéralement. Yoshinoyama, disais-je, est réputé pour ses milliers de cerisiers qui, en pleine floraison, offrent un spectacle vraiment époustouflant.

Situé à une heure et demie de train au sud de l'ancienne capitale de Nara, le mont Yoshino n'est en réalité guère plus qu'une colline avec ses cinq cent trente mètres d'altitude, mais classé au Patrimoine de l'humanité de l'Unesco, il compte parmi les sites les plus marqués par l'histoire du pays. Terre d'accueil pour nombre de poètes, de moines, d'empereurs et de guerriers, le site leur a procuré à tous un refuge au charme incontestable.

Le prince impérial Ōama (631-686) fut ainsi le premier d'une longue liste. Fils de deux souverains régnants – l'empereur Jomei (593-641) et l'impératrice Kōgyoku (594-661) – Ōama était appelé à succéder à son frère aîné, l'empereur Tenji (626-672), qui ne disposait d'aucun héritier digne de ce nom. Tenji poussa par ailleurs son frère cadet à épouser plusieurs de ses filles et, par conséquent, nièces dudit Ōama qui, à la fin de sa vie, aura eu sept épouses (indépendamment des concubines) et dix-sept enfants.

Mais Tenji ne réussit pas à s'assurer ainsi l'allégeance de son

frère cadet. Se sentant menacé, le prince héritier préféra en effet prendre ses distances, du moins temporairement. Renonçant au trône, il partit avec son épouse Unonosara (fille de Tenji, qui sera à son tour impératrice régnante) se réfugier dans une villa impériale nichée au cœur des cerisiers de Yoshino, sous prétexte de devenir moine bouddhiste. C'était en 671.

À peine un an plus tard, Tenji mourut et son fils Ōtomo (né en 648) monta sur le trône sous le nom d'empereur Kōbun. Son oncle décida alors d'agir : il rassembla une armée et attaqua la capitale qui était alors la ville d'Ōmi-kyō, aujourd'hui Ōtsu. Le prince-moine y déploya tout son talent militaire et écrasa les forces de son neveu, qui réagit à la défaite en se suicidant. Ōama accéda au trône sous le nom de Temmu et devint l'un des plus grands souverains de l'histoire du Yamato.

Un autre éminent personnage choisit de résider sur le mont Yoshino après avoir été banni de la cour impériale : l'ascète En no Ozunu (634-707). Ce moine revêt une importance particulière dans l'histoire japonaise en tant que fondateur de la secte Shugendō (修験道), une pratique syncrétique mêlant les enseignements de divers groupes bouddhistes, du taoïsme chinois et des cultes populaires nippons. Cette école est à l'origine des singuliers *yamabushi*, les moines guerriers des montagnes.

Doté de pouvoirs magiques et déclaré boddhisattva à titre posthume, En no Ozunu aurait d'après la tradition fondé le temple de Kinpusen-ji à l'endroit où lui seraient apparus trois Bouddhas qui ne feront ensuite plus qu'un, Zaō Gongen (蔵王権現).

Zaō Gongen est en réalité une divinité tantrique liée à la montagne, de couleur bleu foncé, qui tient un éclair dans la main droite et forme avec la main gauche le « mudra de l'épée » symbolisant la victoire sur le mal. Il est généralement représenté debout, avec trois yeux, une jambe levée comme pour écraser quelque chose, une ceinture en peau de lion, et presque toujours des flammes dans le dos. Il s'agit de l'une des divinités « furieuses » dont l'apparence dégage beaucoup d'énergie et de dynamisme.

Aujourd'hui encore le Kinpusen-ji offre aux yeux du monde son splendide Zaōdō (pavillon de Zaō), le deuxième plus grand bâtiment en bois de tout le Japon, dédié au dieu courroucé.

Le troisième personnage est le jeune héros Minamoto no

Yoshitsune. Nous avons déjà évoqué la saga des guerres entre les Minamoto et les Heike, qui se solda par la victoire finale de Minamoto no Yoritomo. Et bien Yoshitsune fut l'un des principaux acteurs de cette dernière. Mais avoir des généraux trop compétents pouvait constituer un problème pour le machiavélique Yoritomo qui, après avoir défait le clan rival, décida de se débarrasser aussi de son encombrant frère cadet. Celui-ci prit la fuite et alla se réfugier sur le mont Yoshino avec sa concubine dénommée Shizukagozen. Le sanctuaire *shintō* Yoshimizu-jinja abrite encore à l'heure actuelle une minuscule salle qui leur aurait servi de logement.

La suite des événements se révéla catastrophique pour le jeune général qui finit par se suicider en 1189, laissant son frère aîné devenir le maître incontesté du Japon.

Une autre minuscule et sobre retraite nichée au cœur des arbres a abrité le moine voyageur, archer et poète Saigyō (1118-1190).

D'origine noble, il vécut la période incroyablement mouvementée durant laquelle le pouvoir passa des vieilles familles aristocratiques aux guerriers. À la même époque que Minamoto no Yoshitsune.

D'un point de vue bouddhiste, Saigyō et ses contemporains assimilèrent cette phase au *mappō*, la « fin de la Loi » de Bouddha, la dégradation de l'ordre du monde. Un moment pour ainsi dire comparable à la grande attente de l'an 1000 en Occident, sauf que cette dernière n'est qu'une invention.

Après avoir quitté la cour impériale, Saigyō décida de devenir moine et prit un nom recelant son destin de voyageur : 西行, le premier caractère de l'idéogramme, *sai*, signifiant « ouest » et le second, *gyō*, « chemin ». Il voyagea donc beaucoup et séjourna sur diverses montagnes sacrées, telles que le mont Kōya ou le mont Yoshino où il vécut trois ans dans une petite cabane.

Une bonne partie de ses compositions poétiques constituent une anthologie intitulée *Shin kokin wakashū* (新古今和歌集).

Matsuo Bashō, l'autre éminent poète voyageur de l'histoire japonaise, vouait une profonde admiration à son prédécesseur et partit sur ses traces au mont Yoshino.

Le quatrième illustre « réfugié » que compta ce superbe site fut l'empereur Go-Daigo (1288-1339). Personnage central de

l'histoire nippone, ce souverain entreprit prématurément de restaurer le pouvoir impérial.
Après 1185, l'instauration du shogunat avait relégué l'empereur à un rôle absolument marginal. Le chef militaire exerçait le pouvoir depuis la capitale shogunale de Kamakura, avec la caution de l'empereur cantonné pour sa part dans une fonction honorifique. Mais en 1333, les forces impériales de Go-Daigo réussirent à l'emporter sur celles des régents du shogun appartenant à la famille dominante des Hōjō, et l'empereur entama ladite restauration de Kenmu.
Un des généraux demeurés fidèles aux Hōjō, Ashikaga Takauji (1305-1358), lança néanmoins une contre-attaque et finit par défaire les soldats de l'empereur, plaçant sur le trône du Chrysanthème un autre souverain, Kōmyō (1322-1380).
En 1336, Go-Daigo se réfugia à Yoshino et y établit une autre cour impériale, initiant ainsi l'époque connue sous le nom de Nanbokuchō (南北朝), ou « période des cours Nord et Sud », Yoshino étant la cour du Sud dont le sanctuaire *shintō* Yoshimizu-jinja constituait le pivot.
La cour du Sud perdura bien après la mort de Go-Daigo, la réunification des deux cours n'ayant lieu qu'en 1392, sous le règne de l'empereur « nordique » Go-Komatsu.
Le dernier personnage crucial de l'histoire nippone à avoir trouvé refuge – pour son esprit uniquement, en ce qui le concerne – sur le mont Yoshino fut le redoutable chef militaire et unificateur du Japon Toyotomi Hideyoshi (1537-1598).
En 1594, il convia ses cinq mille hommes à une insolite et inoubliable contemplation des cerisiers en fleur (*hanami*) au Yoshimizu-jinja, considéré comme le meilleur poste d'observation sur le mont Yoshino : imaginez un instant cinq mille rudes guerriers ravis par le charme langoureux des petites fleurs roses...

45

Visiter le site où l'herbe verte est ce qu'il subsiste des anciens guerriers

Le 29 juin 1689, le grand poète voyageur Matsuo Bashō s'arrêta devant une petite structure en bois sur une colline appelée Takadachi. Autour de lui, la nature offrait la luxuriance fleurie des prémisses de l'été qui font encore écho au printemps. Avec sa sensibilité d'artiste, il perçut alors le vif contraste entre cette force vitale et les accents tragiques que ce lieu continuait de receler des siècles après le déroulement d'un épisode à l'issue fatale. Ce site avait en effet vu tomber un héros, le personnage le plus beau et le plus désespéré de l'épopée nippone. C'est sur cette étendue verdoyante que s'est forgée cette « noblesse de la défaite » dont la valeur éthique, voire esthétique a profondément marqué la façon d'appréhender l'univers japonais.
Le poète s'assit, prit son écritoire, sortit papier et pinceau, puis composa ces vers :

> Herbe d'été :
> seul vestige
> des rêves des guerriers.

Mais de quels guerriers s'agit-il ? Quels événements ont-ils pu avoir une telle résonance pour bouleverser si longtemps après un poète du XVIIe siècle ?

Les faits se déroulent à Hiraizumi, dans le Tōhoku, en 1189.

Grâce au puissant clan des Fujiwara du Nord qui domine alors le territoire, la ville et la région – surtout les populations Emishi – sont riches et prospères.
La période Heian, règne d'une culture de cour raffinée, est désormais terminée. En 1185, la bataille de Dan-no-ura signe la défaite du clan Heike (Taira), terrassé par le clan Genji (Minamoto) qui impose sa suprématie militaire.
Minamoto no Yoritomo, le machiavélique chef des Genji, se proclame shogun et s'empare du pouvoir. Et pour que ce dernier soit absolu, il entreprend d'éliminer tous les obstacles et menaces éventuels.
Un seul rival subsiste : son frère cadet, Yoshitsune, qui durant les guerres du Genpei s'est révélé le plus brillant général de l'armée des Minamoto. L'héroïque victoire de Dan-no-ura, où l'empereur-enfant Antoku périt lui aussi noyé, est entièrement son œuvre. Son prestige est au firmament et il pourrait à la longue éclipser le shogun en personne.
L'intervention d'un autre personnage machiavélique de l'époque, l'empereur retiré Go-Shirakawa (1127-1192), est la goutte qui fait déborder le vase. Allié tout d'abord des Taira, puis des Minamoto, ce rusé membre de la Maison du Chrysanthème applique après la victoire des Minamoto l'ancien principe du *divide et impera* (diviser pour mieux régner) que les Romains n'ont jamais été les seuls à adopter, et nomme le jeune Yoshitsune gouverneur d'Iyo.
Mais cette initiative déplaît fortement au frère – en réalité le demi-frère – de ce dernier, qui lui révoque son titre. Débute alors une nouvelle guerre fratricide. Yoshitsune sollicite l'aide de son oncle, Minamoto no Yukiie, qui a déjà des comptes à régler avec son autre neveu, Yoritomo. Mais l'alliance échoue. Yukiie est arrêté et exécuté en 1186.
Yoshitsune réussit en revanche à s'en tirer et prend la fuite dès 1185 avec sa compagne enceinte, Shizuka Gozen (1165-1211), et son fidèle vassal Benkei (1155-1189).

Chacun des personnages de cette aventure mériterait un livre entier. Shizuka était une splendide danseuse de cour qui, si l'on en croit la légende, était capable d'arracher des larmes au ciel. Benkei était quant à lui un brigand et moine-guerrier fort

comme un taureau, d'une loyauté irréprochable et indéfectible envers son maître.
En chemin, la danseuse fut reléguée à l'arrière, tandis que le brigand continua de suivre et de protéger son seigneur jusqu'à la ville de Mutsu, comme s'appelait alors Hiraizumi. Une fois sur place, Yoshitsune se plaça sous la protection du sage chef du clan des Fujiwara du Nord, Hidehira (1122-1187), qui lui procura un refuge sûr.
Aussi puissant Yoritomo fut-il, Hidehira n'était pas du genre à recevoir des ordres. Selon la légende, il aurait été élevé par des loups et c'est lui qui offrit l'asile au tout jeune Yoshitsune quand les Taira eurent tout d'abord le dessus sur les Minamoto.
Malheureusement, même les petits des loups meurent. Quand, en 1187, Hidehira passa de vie à trépas, il laissa les rênes du fief à son fils Yasuhira (1155-1189), qui n'avait ni la trempe ni la stature morale de son père. Après avoir juré de protéger Yoshitsune, Yasuhira finit par le trahir. Il envoya ses hommes attaquer le général dans sa résidence de Koromogawa no Tachi. Yoshitsune n'avait désormais plus personne autour de lui, hormis le fidèle Benkei. Son sort était réglé : il n'avait plus d'autre issue que de commettre un *seppuku* (切腹), le suicide rituel du guerrier. Mais même pour se tuer, il faut du temps. Afin non pas de couvrir sa fuite, mais de garantir une mort honorable à son maître, Benkei se dressa contre la furie assassine de trois cents soldats bien entraînés. Il bloqua le pont d'accès à la résidence de Yoshitsune et rien n'y fit : aucun corps à corps ne put avoir raison de ce combattant né et doté de surcroît de pouvoirs magiques, d'après la tradition légendaire.
Les assaillants durent s'employer à l'abattre de loin, en lui décochant moult flèches et lances. Mais il résista, son corps herculéen littéralement criblé de projectiles. Il ne tomba pas et se tint debout jusqu'à la mort, et même après. Sa fin porte un nom en japonais : *Benkei no Tachi Ōjō* (弁慶の立往生, la mort debout de Benkei).
Yasuhira conserva la tête coupée de Yoshitsune dans un tonneau de saké, avant de remettre le macabre trophée à son demi-frère en gage de soumission. Mais Yorimoto ne s'estima pas satisfait et la tête du traître Yasuhira tomba elle aussi dans un panier.

S'agissant de Shizuka, son destin demeure incertain. Une tradition rejette l'hypothèse selon laquelle étant restée en arrière durant le trajet vers Mutsu, elle aurait fini entre les mains de Yoritomo. Dans cette version, Yoshitsune aurait lui-même tué la jeune femme et l'enfant dont elle aurait accouché entre-temps, puis se serait donné la mort. Dans une autre, en revanche, elle aurait péri noyée trois ans plus tard.

Visiter les sites où ces événements se sont déroulés équivaut à pénétrer dans le vif de la tradition narrative nippone. L'histoire de Yoshitsune a inspiré des drames Nō, Kabuki et Bunraku, ainsi que nombre de conteurs, poètes, illustrateurs et réalisateurs cinématographiques.

Figurant aujourd'hui au Patrimoine de l'humanité de l'Unesco, Hirazumi est un endroit magnifique abritant de merveilleux temples et jardins. Même si les Fujiwara du Nord ont été réduits à néant en raison, surtout, de la trahison du dernier de leurs chefs, ils n'en sont pas moins à l'origine de la grandeur d'une ville et d'un territoire dont le patrimoine artistique et culturel est l'un des plus riches du Japon.

Parmi les innombrables et merveilleux lieux qui s'offrent à la visite, je ne saurais que trop vous recommander d'aller saluer les acteurs de cet épisode à Takadachi, où se trouve le Gikeidō, le mémorial que l'un des seigneurs de la famille Date dédia à Yoshitsune en 1683. Vous ressentirez alors peut-être vous aussi la profonde émotion qui envahit le cœur de Matsuo Bashō.

Aborder le mystérieux univers des *kanji*

Bienvenue au royaume des caractères. Où que vos yeux se portent, vous voyez ces signes que vous ne comprenez pas, que vous ne connaissez pas et à propos desquels vous souhaiteriez sûrement en savoir davantage. Voilà l'occasion idéale de vous plonger dans un univers d'écriture et de calligraphie qui vous permettra d'appréhender un mode de communication très différent de celui dont vous avez l'habitude.
Et il existe un endroit au Japon qui, mieux que tout autre, saura vous accueillir pour tenter cette expérience.
Il s'agit du musée des Kanji, qui se trouve dans l'ancienne capitale de Kyōto.

Mais qu'entend-on par *kanji* ? Le japonais moderne s'écrit avec un mélange de deux systèmes de transcription syllabique (*hiragana* et *katakana*) dont les caractères n'ont pas de signification en soi mais simplement une fonction phonétique, et de caractères chinois ayant un sens propre. Ces derniers sont appelés *kanji* (漢字).
Cela paraît simple. Sachez cependant que lire un livre ou un journal nécessite de connaître au moins 1 945 de ces *kanji*.
Ces caractères sont évidemment d'origine chinoise. Ceci car au départ, le japonais n'avait pas de système d'écriture. Les premiers textes écrits avec des caractères mis au jour au pays du Soleil-Levant datent environ du Ier siècle et consistent en des gravures sur des épées, des miroirs, des pièces de monnaie et des sceaux. Il s'agissait néanmoins très vraisemblablement d'objets importés. La véritable adoption des caractères chinois

eut lieu entre le IVe et le Ve siècle, quand des savants et des moines coréens introduisirent dans l'archipel des textes confucéens et bouddhistes.
Puis, à partir du VIIe siècle, le Japon commença à s'approprier le système idéographique chinois pour l'adapter à sa propre langue, une opération assez compliquée dans la mesure où le chinois et le japonais ont des origines et une structure complètement différentes.
La première tentative aboutit aux *man'yōgana*, du nom de la plus grande anthologie de poésie nippone de l'Antiquité, le *Man'yōshū* (万葉集, *Recueil de dix mille feuilles*) : des caractères chinois utilisés pour leurs propriétés phonétiques plutôt que pour leur valeur sémantique.
Cependant l'importance spécifique des *kanji* empêchait de les cantonner à une fonction purement phonétique. Par ailleurs, le chinois était et demeurait la langue officielle de la culture : même les érudits japonais écrivaient dans cet idiome. Un glissement se produisit donc peu à peu du simple usage phonétique à quelque chose de plus complexe combinant son et signifié. Texte après texte, composition après composition.

Le caractère ayant recouvré un sens, nombre d'éléments du discours n'en restaient pas moins dépourvus d'écriture. Désinences, particules, suffixes, préfixes devaient pourtant être représentés. L'ancien *man'yōgana* révéla alors toute l'utilité de sa démarche. Certains caractères chinois communs furent retenus pour leur son et progressivement stylisés, donnant naissance aux deux systèmes syllabiques *katakana* et *hiragana.*
Et petit à petit, ces deux syllabaires furent eux aussi intégrés au texte, avec les *kanji* dont ils dérivent, pour répondre à chacun des besoins de la langue nippone.
On devine ainsi aisément qu'avec une évolution aussi complexe et graduelle, le système d'écriture japonais comporte des superpositions, duplications et redondances. De sorte qu'il y a des caractères chinois qui se lisent « à la chinoise », d'autres « à la japonaise », et d'autres encore « à la sino-japonaise ». Pour chaque caractère, les trois lectures coexistent presque toujours, le choix s'effectuant en fonction de l'acception, et malheureusement seule la pratique permet de mémoriser cet

手
雨
目
口
人
父
子
日
馬
鳥
火
木
休
初春令月
氣淑風和
梅披鏡前之粉
蘭薫珮後之香
万葉集梅花の歌序文より

usage. L'exception est la règle. Une grande confusion règne par conséquent en la matière.
Les *kanji* sont pourtant une belle invention. D'aucuns ont même envisagé d'adopter un alphabet, soit préexistant, soit créé *ad hoc*, à l'image du *hangul* coréen, mais le projet n'a finalement pas abouti. Les homophones sont trop nombreux et d'ailleurs, pourquoi renoncer à l'élégance, à la beauté de ces caractères qui font si profondément partie de la culture nippone ?

Le musée des Kanji a été inauguré à Kyōto dans un ancien établissement scolaire du quartier historique de Gion il y a quelques années seulement. Ce lieu permet de mieux comprendre ce surprenant et fascinant univers de l'écriture. De contempler bouche bée la Tour des *kanji*, un pilier sur lequel sont inscrits les cinquante mille *kanji* figurant dans le grand dictionnaire des caractères *Dai Kan-Wa jiten* (大漢和辞典). D'observer l'évolution que les idéogrammes chinois ont connue, depuis leur forme originelle jusqu'à celle d'aujourd'hui. De se perdre, en somme, dans un monde de signes qui a constitué l'énigme sur laquelle des générations d'écoliers, d'intellectuels et de religieux se sont cassé la tête. Car, très objectivement, apprendre à les écrire et à les lire est une entreprise titanesque. Au premier étage du musée, vous pourrez admirer des tableaux avec des calligraphies. Il s'agit des « Kanji de l'année » originaux. Tous les 12 décembre, le prêtre en chef du temple Kiyomizu-dera de Kyōto annonce au pays le caractère le plus emblématique de l'année. En 2019, par exemple, ce fut *rei* 令, le premier des deux idéogrammes représentant la nouvelle ère entamée avec l'accession au trône de l'empereur Naruhito : *Reiwa* 令和.

47

Visiter le musée d'Uneo pour découvrir l'histoire du Japon et son art

Toutes les grandes villes ont leur grand, voire leur gigantesque musée. Paris a le Louvre, Londres, le British Museum, Madrid, le Prado, New York, le Metropolitan Museum. Tōkyō a aussi le sien : le Tōkyō Kokuritsu Hakubutsukan (東京国立博物館), ou Musée national de Tōkyō.

Peut-être êtes-vous de ceux qui n'aiment pas s'enfermer toute une journée dans un musée, mais je peux vous assurer que cette immense structure vaut vraiment le détour, pour avoir un aperçu de l'histoire du Japon et ainsi mieux comprendre les multiples facettes du pays où vous vous trouvez. Mais surtout pour avoir l'occasion d'admirer quelques-uns des chefs-d'œuvre artistiques nippons depuis l'Antiquité la plus reculée, quand des populations aux origines encore assez mystérieuses s'établirent dans l'archipel en introduisant leur vaisselle à cordon qui n'a rien perdu de sa modernité. Cette céramique Jōmon (縄文) a donné son nom à une ère de l'histoire japonaise allant d'environ 12 000 à 300 av. J.-C. Les *dōgu* (どうぐ), d'étranges figurines en terre cuite à tête en forme de cœur, avec les membres souvent tronqués et de drôles de grosses lunettes, s'inscrivent dans cette période et ont poussé nombre de rêveurs à imaginer qu'il s'agissait de représentations d'extra-terrestres venus coloniser le Japon à une époque antique.

Et que dire des *haniwa* (埴輪), les terres cuites à base circulaire qui étaient placées sur les tertres funéraires appelés *kōfun* (古墳), qui donnèrent eux aussi leur nom à la période historique

allant du IIIe au VIe siècle. La tradition veut que l'empereur semi-légendaire Suinin, dont la figure est également liée à la fondation du grand sanctuaire d'Ise, ait été bouleversé par la vue des membres de l'entourage d'un précédent souverain enterrés vivants à la mort de ce dernier. Il donna donc l'ordre de fabriquer des fétiches en terre cuite destinés à remplacer les humains et les animaux sacrifiés. On a ainsi de mystérieuses et amusantes statuettes en forme de guerriers, de musiciens, de maisons, de chevaux. Les spécialistes ne croient plus désormais à la légende et pensent plus simplement que les *haniwa* étaient disposés près des autels à des fins rituelles et décoratives.
Les salles du musée abritent en outre les élégants et colorés *emakimono* (絵巻物), des rouleaux illustrés à l'horizontale qui relatent les principales histoires de cour, à commencer par le

Genji monogatari, l'épopée du Prince resplendissant écrite par la géniale courtisane Murasaki Shikibu.
Sans oublier l'importante statuaire bouddhiste du Moyen Âge nippon, avec Kannon, Amida et les remarquables figures du panthéon bouddhique japonais, réalisées en bronze ou en bois. Ces chefs-d'œuvre empreints de paix ou de dynamisme permettent d'appréhender l'univers spirituel de l'époque et la symbolique complexe de la pensée bouddhiste.
Parcourir les austères salles du musée fournit également l'occasion de découvrir la peinture particulièrement raffinée de l'école Kanō ou les pièces maîtresses de Sesshū (1420-1506), auxquelles s'ajoutent les superbes *ukiyo-e* des illustres Hokusai, Hiroshige et Utamaro.

Le seul endroit rassemblant tout cela, et bien d'autres choses encore, est donc le Musée national de Tōkyō, ou plus exactement d'Ueno car il se trouve dans le vaste parc de ce quartier de la capitale.
Fondé en 1873, il compte parmi les plus beaux sites où faire *hanami*, c'est-à-dire admirer la floraison des cerisiers. L'origine de cet établissement, le plus ancien musée national du Japon détenant la plus riche collection d'art d'Asie de l'Est, est liée à la furie modernisatrice de la période Meiji, à la volonté visionnaire de personnalités comme Ōkuma Shigenobu (1838-1922), éminent promoteur de l'occidentalisation.
L'Empire austro-hongrois ayant prévu d'organiser en 1873 une Exposition universelle afin de fêter le quart de siècle de règne de François-Joseph (1830-1916), quantité d'objets d'art provenant de la Maison impériale et des collections des plus nobles familles du pays furent réunis en 1872.
Et pour répondre au besoin croissant d'afficher aux yeux du monde la grandeur de l'histoire de l'art et de la culture japonaise, il fut décidé en cette même année 1873 de construire un vaste musée à l'emplacement du temple bouddhiste Kaneiji, détruit durant la guerre de Boshin, un conflit fondamental qui ouvrit la voie à la restauration Meiji. Dans un premier temps, le musée dut cohabiter avec l'armée et ne put obtenir tout l'espace dont il souhaitait disposer qu'en 1881.
L'inauguration en grande pompe eut lieu en présence de

l'empereur Meiji le 20 mars 1882, date également de l'ouverture du zoo d'Ueno.
Le Honkan (本館, édifice principal) constituait le pivot de l'ensemble : réputé indestructible, ce bâtiment massif ne résista cependant pas au tremblement de terre du Kantō qui frappa la capitale en 1923, faisant cent trente mille morts.

L'année suivante, la famille impériale fit don à la municipalité de Tōkyō de tout le parc d'Ueno, qui devint patrimoine commun de la ville, et le nouveau Honkan fut inauguré en 1938.
À cette structure principale s'en ajoutent d'autres revêtant une importance notable : le Tōyōkan (東洋館) abrite une riche collection d'art chinois, indien et du Sud-Est asiatique ; le Hōryū-ji Hōmotsukan (法隆寺宝物館), ou Galerie des trésors de Hōryū-ji, est un pavillon moderne ouvert en 1999, qui expose de précieuses pièces en provenance du plus ancien temple du Japon situé dans l'ancienne capitale de Nara ; le Heiseikan (平成館), inauguré lui aussi en 1999, comprend quatre galeries de collections archéologiques.
Enfin, le Hyōkeikan, fermé au public sauf pendant les expositions spéciales, et le Kuroda Kinenkan Memorial Hall complètent la liste des bâtiments de ce complexe.

48

Nager dans la magnifique mer turquoise de Hateruma, l'île la plus au sud du Japon

Quel est le point habité le plus au sud du Japon ? Difficile à dire : vous savez que l'archipel nippon se compose de 6 852 îles et mesure plus de trois mille kilomètres de long. À l'extrémité nord confinant avec l'Extrême-Orient russe règne le glacial climat de l'Arctique. À l'extrémité sud proche des Philippines, en revanche, les températures sont tropicales. Des îles, encore des îles, toujours des îles : tel est le Japon. Certaines ne sont guère plus que des rochers. D'autres comptent quelques rares habitants seulement. Et puis il y a les quatre grandes îles principales, auxquelles s'ajoutent les îles disputées : lesdits Territoires du Nord (à savoir les Kouriles du Sud, sous contrôle de la Russie), les Senkaku (que les Chinois appellent Diaoyu et qu'ils considèrent comme faisant partie intégrante de leur territoire), et la petite Takeshima (Dokdo, pour les Coréens).

Les îles les plus méridionales du Japon sont les Ryūkyū, par ailleurs les moins nippones du pays du Soleil-Levant. Okinawa, la plus grande, abrite le château de Shuri (détruit par les flammes à la fin de l'année 2019) : il s'agit en réalité de la résidence royale du royaume de Ryūkyū fondé en 1429 par le souverain Shō Hashi (1372-1439) et indépendant jusqu'à son annexion par le Japon en 1879.

Pendant cette longue indépendance, le peuple des Ryūkyū – porteur d'une langue et d'une culture différentes de celles

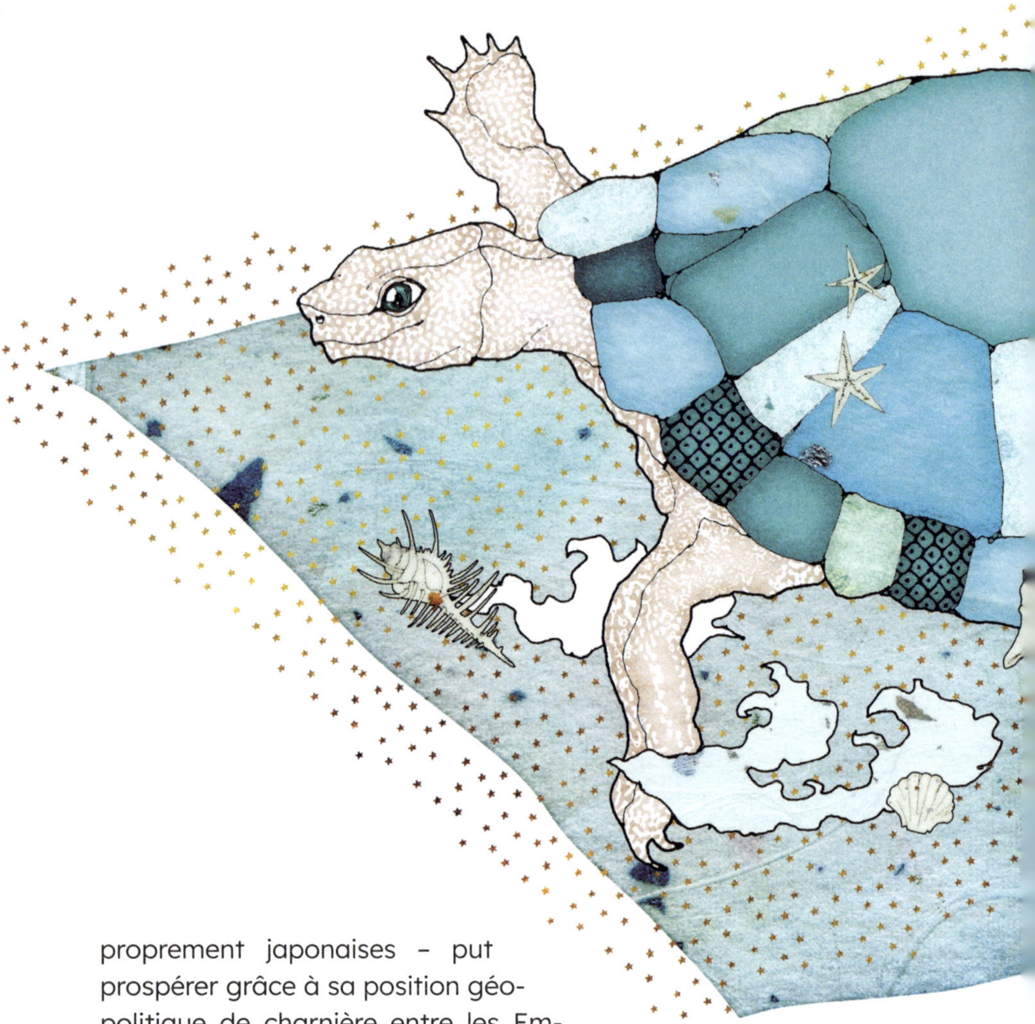

proprement japonaises – put prospérer grâce à sa position géopolitique de charnière entre les Empires chinois et japonais, envers lesquels il avait fait acte de vassalité. Le dernier roi, Shō Tai (1843-1901), fut contraint de quitter la capitale, Naha, pour s'installer à Tōkyō. Après l'annexion, et comme pour le Nord aïnou, le gouvernement Meiji instaura à Okinawa également une stricte politique d'assimilation culturelle visant à effacer la langue et la civilisation locales des Ryūkyū.

Mais pour être tout à fait honnête, il convient de préciser que la formation du royaume de ces îles ne s'effectua pas vraiment sans douleur. Les différents royaumes de départ ne s'unifièrent qu'au prix de guerres et de conflits. Et même après, des pous-

sées centripètes non négligeables se manifestèrent. En 1500, par exemple, les îles Yaeyama et celle d'Ishigaki se soulevèrent contre le royaume de Ryūkyū sous le commandement d'un chef aussi fort qu'un taureau, si l'on en croit les récits : Oyake Akahachi, seigneur de ces terres formellement indépendantes de Naha, mais assujetties par un serment de vassalité.
En substance, le roi résidant à Okinawa se contentait d'exiger de ces îles le paiement d'impôts.
Oyake lança néanmoins une sorte de révolte fiscale, refusant de se soumettre et résistant avec courage à l'attaque des écrasantes forces fidèles au roi des Ryūkyū. Il dut s'avouer vaincu, mais pour les autochtones il demeura un héros, le champion de l'indépendance et de l'autonomie vis-à-vis de Naha.
Pour trouver une trace tangible du passage d'Akahachi sur

cette terre, il faut se rendre sur l'île qui l'a vu naître : Hateruma, où se dresse une stèle élevée en l'honneur du seigneur Oyake.

Objectivement, cependant, je ne vous conseillerai pas d'aller si loin uniquement pour voir ce banal petit monument, mais parce que Hateruma revêt l'intérêt majeur d'être l'île habitée la plus méridionale du Japon.
Elle se situe à 24°2'25" de latitude nord et 123°47'16" de longitude est, à 24 kilomètres au sud de la plus grande des îles de l'archipel des Yaeyama dont elle fait partie et qui s'appelle Iriomote-jima. D'une superficie de 12,7 kilomètres carrés, elle se compose de coraux.
L'île compte un seul village n'abritant guère plus de cinq cents habitants. Parmi les rares sites à visiter, citons le monument marquant le point le plus au sud du Japon : une ancienne tour de guet datant du XVIIe siècle.
Contempler le ciel par les nuits étoilées permet en outre d'admirer la Croix du Sud. Le petit observatoire astronomique constitue l'endroit idéal pour profiter de cette expérience. Mais le véritable intérêt de Hateruma est ailleurs, sur la côte nord. Je veux parler de la merveilleuse plage de Nishihama que beaucoup considèrent comme la plus belle de tout le Japon. Cette destination attire une poignée de courageux touristes qui s'aventurent en ce minuscule coin d'île perdue dans l'océan Pacifique. Les reflets turquoise de la mer y sont particulièrement séduisants et contrastent admirablement avec le blanc pur du sable. Mais comment gagner cette île reculée ?
Ce n'est pas une partie de plaisir. Il faut tout d'abord se rendre sur l'île d'Ishigaki, qui fait un peu office de porte d'entrée des Yaeyama. Le mieux est de prendre l'avion : comptez environ trois heures et demie de vol depuis Tōkyō, mais une seule depuis Naha. Commence alors l'aventure, car une fois à l'aéroport vous devrez ensuite aller au terminal des ferrys pour les îles. Il n'y a pas de liaison quotidienne pour Hateruma, et en cas de mer agitée, ce qui arrive pour vingt à trente pour cent des départs prévus, le ferry ne quitte pas le port. Si vous voulez vraiment profiter de la splendide plage de Nishihama, planifiez donc soigneusement votre voyage !

49

Écouter la musique traditionnelle japonaise jouée avec des instruments comme le *koto* et le *shamisen*

Un jour, un ami contrebassiste de jazz me déclara qu'il aimerait beaucoup écouter un concert de musique traditionnelle japonaise, pour comprendre les sonorités des instruments nippons. Sur les conseils d'une amie, nous nous rendîmes alors dans un sanctuaire shintoïste où un groupe de virtuoses donnaient un spectacle en jouant du *biwa*, du *shinobue*, du *shakuhachi*, du *shamisen*, du *koto*, etc.

Je vous parlerai bientôt du concert, mais avant il convient d'évoquer brièvement l'histoire de la musique traditionnelle japonaise, dont les caractéristiques diffèrent légèrement de la nôtre. Pour commencer, musique en japonais se dit *ongaku* (音楽), un terme signifiant plus ou moins « sons agréables ». Jusqu'ici, rien de transcendantal. Sauf qu'à l'entendre, elle s'avère un peu déconcertante.

Ajoutons par ailleurs que la musique traditionnelle japonaise couvre une large gamme de genres (n'en va-t-il pas du reste de même pour la musique occidentale ?) et qu'il faut donc sans doute faire un petit retour arrière sur son histoire.

La musique est consubstantielle à l'humanité, de sorte qu'au Japon comme ailleurs, elle est apparue avec l'homme. On ne sait pas grand-chose sur sa pratique avant le VIe siècle au pays du Soleil-Levant : les traces dont on dispose suggèrent qu'elle servait à accompagner les danses religieuses *kagura* (神楽), comme il ressort de textes tels que le *Kojiki*.

Ces danses ayant une forte composante chamanique, la musique aurait par conséquent un lien étroit avec celle de Sibérie ou de la péninsule Coréenne. Certaines statuettes *haniwa* – ces figurines en terre cuite disposées sur les grands tertres funéraires du III-IVe siècle – représentent des musiciens en train de jouer du tambour et d'un instrument apparemment semblable au *koto*, la harpe horizontale japonaise sur laquelle nous reviendrons sous peu.

Le bouddhisme venu de Chine et de Corée au Japon introduisit également le chant bouddhique à des fins religieuses, avec la récitation psalmodiée des sutras et une phase quoi qu'il en soit de musique pour ainsi dire d'importation.

Les spécialistes tendent à parler de véritable musique japonaise à partir du VIIe siècle. Le premier « musicien » japonais n'en reste pas moins, si l'on en croit la légende, un immigré : un certain Mimashi, originaire de Paekche (l'un des trois principaux royaumes composant la Corée). En 612 il demanda au régent Shōtoku Taishi, le héros culturel déjà évoqué à plusieurs reprises, l'autorisation d'enseigner la musique aux jeunes de la cour, et c'est ainsi que naquit le style *gigaku* (伎楽) alliant son, théâtre et danse masquée. Les masques *gigaku* sont souvent grotesques, avec des traits particulièrement prononcés, de vrais chefs-d'œuvre dont vous pourrez admirer quelques remarquables exemplaires au Musée national de Tōkyō.

Les représentations qui avaient lieu exclusivement dans les temples et à la cour acquirent une place croissante dans le domaine culturel, au point qu'en 701 un Département de musique fut institué à Nara.

La musique commença progressivement à se diversifier, donnant naissance aux différents styles, et sortit des cloîtres et du Palais impérial. La musique de la période Heian reste une musique de cour, mais s'avère beaucoup plus élaborée et liée au profond raffinement courtois.

De Chine était entre-temps arrivé un instrument facile à emporter partout et au son agréable, le *biwa* (琵琶), un luth à manche court. Une classe de conteurs dénommés *biwa hōshi* (琵琶法師,

prêtres au luth) entreprit de parcourir le pays au XIIIe siècle en diffusant l'épopée des généraux et des combattants relatée dans le *Heike monogatari*, le grand récit épique de la guerre entre les Taira et les Minamoto que nous avons déjà mentionnée à plusieurs reprises.

1562 marqua l'introduction d'un autre instrument de musique japonais, venu de Chine par les îles Ryūkyū : la guitare à trois cordes *shamisen* (三味線). Toujours à la même période, la flûte *shakuhachi* (尺八) fit son apparition au Japon. Les sonorités se diversifièrent et la période Edo vit fleurir la musique nippone traditionnelle désignée sous le terme générique de *hōgaku* (邦楽). Musique instrumentale, accompagnement de chants et de poésies, mais surtout base musicale de représentations théâtrales, elles aussi de plus en plus fastueuses et élaborées : la musique s'inscrivit alors profondément dans la vie des Japonais, tout comme le chant.

L'époque de Meiji marqua un tournant. La pénétration de la musique occidentale – *yōgaku* (洋楽) – au Japon mit les mélanges à l'ordre du jour. La plupart des Japonais écoutent à l'heure actuelle de la musique fondamentalement occidentale, même quand compositions et genres sont adaptés à l'oreille nippone. La musique traditionnelle est l'apanage d'artistes et

de passionnés qui la défendent avec amour et dévouement, mais sans espérer la voir redevenir un phénomène de masse.

La musique japonaise est essentiellement monophonique, soit sans harmonie. Les compositions folkloriques reposent en général sur deux échelles pentatoniques, la musique de cour *gagaku*, sur une échelle heptatonique, et celle accompagnant les représentations du théâtre Nō (*nōgaku* 能楽), sur des tétracordes, une particularité très intéressante car tout le système musical de la Grèce antique était fondé sur le même principe.

En résulte un type de musique qui s'avère justement très différent de celui que notre oreille a l'habitude d'entendre.

Mon ami joueur de jazz fut au départ extrêmement séduit par les sons, l'esthétique du concert offert entre les sobres murs de plâtre du sanctuaire. Il écouta attentivement pendant dix à vingt minutes, presque une demi-heure les talentueux interprètes de *biwa*, de *shamisen*, de *koto*. Puis, inexorablement, sa tête devint lourde, de plus en plus lourde, et il finit par sombrer dans un profond sommeil. Malheureusement pas complètement silencieux...

Nous réussîmes à éviter l'incident diplomatique pour la simple raison que nombre de spectateurs japonais s'étaient retrouvés à peu près dans la même situation.

Cela ne doit pas pour autant vous dissuader d'aller écouter la musique japonaise. Veillez simplement à ne pas vous trouver sous l'effet du *jisaboke* (時差ボケ), à savoir le décalage horaire. Vous jugerez sans nul doute l'expérience fascinante, surtout si, au lieu d'un concert comme celui susmentionné, vous choisissez d'assister à un spectacle de Kabuki ou de Nō. Non pas que ces concerts soient effroyables, mais parce qu'il faut une oreille un peu plus familiarisée avec ce genre de sonorité.

Succomber au charme du théâtre Nō

Je vous ai déjà conseillé d'aller voir le spectaculaire théâtre Kabuki, avec ses couleurs, ses costumes, ses intrigues fascinantes. Mais il y a aussi un autre genre théâtral qui revêt plus ou moins la même importance dans l'histoire de la littérature et de la dramaturgie nippone. Il s'agit du théâtre Nō (能), plus stylisé et généralement entrecoupé de représentations comiques appelées *kyōgen* (狂言).

Le nom complet désignant aujourd'hui l'alternance de drames *nō* et d'interludes comiques *kyōgen*, soit la combinaison des deux arts, est *nōgaku* (能楽), le second idéogramme - *gaku* - renvoyant, comme nous l'avons vu précédemment, à la musique. Le premier, en revanche, se lit *nō* et signifie « compétence », « talent ».

Le Nō est une évolution d'autres genres de théâtre, de musique et de danse, à commencer par le *sarugaku* (猿楽), une forme de théâtre comique alliant dialogues, acrobaties, musique - surtout des tambours - et danse. La nature circassienne et quelque peu grotesque du *sarugaku*, un terme signifiant « musique de singe », dérivait selon l'ancien texte du *Kojiki* de la danse que la déesse Ame no Uzume avait exécutée pour attirer Amaterasu hors de la grotte où elle s'était enfermée, privant le monde et les hommes de la lumière du soleil. En réalité, le *sarugaku* a une origine chinoise.

Le XIVe siècle vit donc apparaître un nouveau genre théâtral créé par deux acteurs en particulier : Kan'ami Kiyotsugu (1333-1384) et son fils Zeami Motokiyo (1363-1443), figures marquantes de la culture nippone.

Kan'ami réunit musique, danse et dialogues, empruntant l'idée des masques au *gigaku*, et donna naissance à un courant théâtral à part entière. En 1374, la chance lui sourit : le shogun Ashikaga Yoshimitsu (1358-1408), l'un des plus éminents chefs militaires de l'histoire japonaise, assista à l'une de ses représentations et fut tellement impressionné par son art qu'il décida de devenir son protecteur.

Le Nō connut néanmoins un véritable essor avec Zeami, le fils de Kan'ami. Comme le veut la tradition dans les grandes familles de théâtre au Japon, Zeami fut initié au jeu d'acteur par son père et devint vite célèbre, dès son plus jeune âge. Amené lui aussi à se produire devant le shogun, ce dernier s'avéra littéralement séduit par le spectacle et la prestation de l'artiste, mais pas seulement : une véritable histoire d'amour se noua entre Yoshimitsu et Zeami. L'homosexualité, rappelons-le, a toujours eu cours dans l'univers guerrier nippon.
Cette relation privilégiée permit au jeune acteur d'une part de connaître une carrière fulgurante, et d'autre part de fréquenter les « bons cercles », pour reprendre un terme d'aujourd'hui, et de recevoir une excellente éducation littéraire et philosophique. Son raffinement culturel se refléta nettement dans les textes qu'il rédigea pour le théâtre Nō.

Sous la protection du shogun, Zeami écrivit ainsi de nombreuses pièces renvoyant souvent à des thématiques du bouddhisme zen, où réalisme et surnaturel se conjuguaient au fil de dialogues toujours extrêmement poétiques, récités (*yōkyoku*, 謡曲) ou bien chantés (*utai*, 歌い), avec un accompagnement de tambours et de flûtes. Aux acteurs s'ajoutait par ailleurs un chœur prenant part au déroulement de l'intrigue.
Après la mort de Yoshimitsu, Zeami rencontra quelques difficultés. Le successeur du shogun, Ashikaga Yoshimochi (1386-1428), ne lui accordant aucun patronage, Zeami usa de son immense réputation pour bénéficier du mécénat privé de riches marchands et réussit à maintenir sa troupe et son activité artistique. Les vrais ennuis commencèrent avec Ashikaga Yoshinori (1394-1441), frère cadet de Yoshimochi et donc également fils de Yoshimitsu, devenu shogun en 1429. Ne suppor-

tant pas Zeami, il l'exila sur l'île de Sado que le philosophe-acteur ne quittera qu'en 1441 pour regagner le Japon continental où il mourra en 1443.
À la fin de sa vie, Zeami aura écrit quelque chose comme trente drames et une série d'importants essais d'esthétique et sur la théorie du théâtre qui font de lui un intellectuel figurant de plein droit au panthéon des plus illustres interprètes de la culture japonaise.
Le Nō continua ensuite d'être prisé tant de la noblesse que des commerçants, y compris à l'époque d'Edo, mais enregistra un certain déclin à partir de la période Meiji, les goûts occidentaux influant sur la perception du théâtre par les spectateurs. En 1957, le gouvernement nippon érigea néanmoins cet art au rang de « bien culturel immatériel », lui garantissant ainsi ressources financières et protection. Et après la fondation à Tōkyō du Théâtre national Nō dans les années 1980, ce genre théâtral fut déclaré Patrimoine de l'humanité par l'Unesco en 2008.

L'œuvre familiale de Kan'ami et Zeami constitue encore aujourd'hui un des piliers du théâtre japonais, dont les fascinantes représentations reposent sur une très longue préparation des acteurs et une minutieuse ritualisation de chaque geste et du moindre élément.
Un spectacle de Nō classique s'articule en trois ou cinq actes sur des thèmes différents, avec entre chaque des scénettes comiques d'une dizaine de minutes qui, comme nous l'avons vu, portent le nom de *kyōgen*.
Le tout se déroule sur une scène (*butai*, 舞台) standardisée de six mètres de côté, avec cinq colonnes et, sur la gauche, une passerelle reliée aux coulisses et ponctuée de trois pins. Surmontée d'un traditionnel toit *shintō*, l'estrade carrée est fermée dans le fond par un simple rideau ou un panneau reproduisant souvent un pin noueux.
Contrairement au Kabuki, aucun changement de décors n'a lieu pendant une représentation de Nō.
L'accompagnement musical est en principe assuré par quatre musiciens : l'un joue de la flûte (*fue*, 笛) et les trois autres, de tambours de taille croissante (小鼓 *ko-tsuzumi*, 大鼓 *ō-tsuzumi* et *taiko*). Le chœur, dénommé *jiutai* (地謡), se tient sur la droite.

La scène accueille en général un acteur principal (*shite*, 仕手) et un compagnon (*shitetsure*, 仕手連れ). Tous deux portent les merveilleux masques caractéristiques du Nō. À ces rôles s'ajoutent par ailleurs des personnages secondaires, ou *waki* (脇).

Sans être aussi extravagants et somptueux que ceux du Kabuki, les costumes n'en sont pas moins très élégants.
Les pièces durent plusieurs heures et n'ont pas le rythme rapide du Kabuki. Les gestes étant particulièrement stylisés et allusifs, le spectateur doit beaucoup faire travailler son imagination. Un éventail, par exemple, sera un sabre ou une épée selon la façon dont l'acteur l'utilisera.

51

Contempler les cerisiers en fleur : le *hanami*

Printemps 2020. La Chine est engagée dans la lutte contre le COVID-19, le coronavirus responsable d'une pneumonie dévastatrice. La Corée du Sud lui emboîte le pas et confine le pays pour empêcher la contagion. Le Japon lui-même a un navire de croisière bloqué dans le port de Yokohama pour cause de contamination, et peu après les cas positifs commencent à se multiplier sur le reste du territoire. Le gouvernement nippon tente par tous les moyens d'éviter la panique, de garder profil bas pour sauver les jeux Olympiques. Mais l'exécutif mené par le Premier ministre de l'époque, Abe Shinzō, se doit d'agir et finit par priver les Japonais de l'événement le plus attendu de l'année : le spectacle des cerisiers en fleur (*hanami*, 花見).

Comment les citoyens ont-ils réagi ? Par le désarroi, des plaintes, voire des protestations, à commencer par celle de Koike Yuriko, gouverneure de la métropole de Tōkyō qui, à l'issue d'une rencontre avec le Premier ministre, déclarera avec colère (le 12 mars 2020) : « Interdire aux Japonais de faire *hanami* et d'admirer les fleurs de cerisiers serait comme priver les Italiens d'accolades ».

Une affirmation d'autant plus pertinente que depuis quelque temps déjà, l'Italie a pris des mesures de distanciation sociale pour essayer d'enrayer la diffusion du coronavirus en supprimant les contacts physiques tels que les poignées de main, les embrassades et les accolades, justement.

Pour les Japonais, la fleur par excellence est celle de cerisier, et plus exactement de *sakura* (桜) ou *Prunus serrulata*, dont les petits fruits âpres ne sont pas comestibles.

Cet arbre fleurit généralement dans une grande partie du Japon entre la fin mars et le début avril, mais avec le réchauffement climatique en cours, la floraison débute de plus en plus souvent dès la mi-mars, voire encore plus tôt. Ce fut le cas en 2020.

Sakura zensen (桜前線), le « front des fleurs de cerisier » décrit l'avancée de la floraison comme une ligne progressant du sud au nord du pays, d'Okinawa jusqu'à Hokkaidō. Les médias nippons annoncent l'importante nouvelle de l'éclosion des fleurs par le biais de communiqués réguliers et, surtout, de bulletins télévisés pour que chacun sache ainsi précisément quand et où aller contempler les cerisiers.

Le *hanami* constitue plus ou moins l'occasion de pique-niquer, de se réunir pour une fête entre amis autour d'une toile cirée, obligatoirement bleue, chacun apportant quelque chose à manger, parfois même un barbecue.

Le *hanami* peut se célébrer le jour, mais aussi la nuit, auquel cas il porte le nom de *yozakura* (夜桜).

À l'origine, plus que les *sakura* les Japonais allaient admirer les pruniers en fleur (*ume*, 梅), une habitude remontant au VIIIe siècle, à l'époque de Nara. Mais à la période Heian suivante, le *sakura* supplanta l'*ume*. Des références au *hanami* se relèvent dans la poésie et toute la littérature d'alors. La fleur de cerisier revêtait beaucoup d'importance en ce qu'elle annonçait la saison de plantation du riz et recelait des *kami* auxquels il convenait de faire des offrandes.

D'un point de vue bouddhiste, en revanche, le *sakura* revêtit le symbolisme de l'impermanence de la vie. En ce sens, la délicate fleur de cerisier finit par devenir emblématique de l'existence du plus rude des guerriers : le samouraï.

Un célèbre proverbe médiéval énonce : « *Hana-ha sakuragi, hito-ha bushi* » (花は桜木、人は武士), ce qui signifie plus ou moins : « Le cerisier est aux fleurs ce que le chevalier est aux hommes ». Cet adage, que d'aucuns attribuent au moine errant Zen Ikkyū (1394-1481), entend souligner la primauté de la classe guerrière au sein de la société nippone et associe le

cerisier, symbole de l'impermanence et de la caducité de la vie, à la figure du guerrier, lui aussi voué à consommer son existence en l'espace d'une saison.
Cet amour de la fleur que partageaient les nobles raffinés de la cour impériale et les rudes guerriers quitta bientôt l'enceinte du palais, et la coutume consistant à contempler la floraison des cerisiers se répandit dans l'ensemble du Japon. Mais si les membres de la cour composaient des poèmes sous les cerisiers en fleur, les gens du peuple prirent quant à eux l'habitude de se restaurer et le *hanami* devint ainsi l'occasion de pique-niquer.

Au pays du Soleil-Levant, les cerisiers peuvent faire la fortune d'une localité en constituant une attraction touristique, tout comme les châteaux médiévaux, symboles du Japon guerrier : nombreux sont ceux qui aiment manger et boire du saké à l'ombre des cerisiers sous les puissants remparts de l'une de ces imposantes structures. Certains sites, très prisés des Japonais, se prêtent par ailleurs tout particulièrement au *hanami*.
À Tōkyō, par exemple, le parc Shinjuku Gyōen abrite plus de mille luxuriants *sakura*. La consommation de boissons alcoolisées y est néanmoins interdite.
Avec son millier de *sakura*, le grand parc d'Ueno est un autre lieu d'observation privilégié des fleurs de cerisier dans la capitale, à l'instar de Chidorigafuchi, du parc Sumida et du parc Yoyogi. Dans la ville de Yokohama voisine, les gens apprécient de se réunir dans divers espaces verts, le plus séduisant étant sans doute le parc Mitsuike, où les cerisiers couvrent les rives de trois étangs.
Au Japon, faire *hanami* au pied du château de Matsumoto ou bien encore, toujours dans la préfecture de Nagano, dans le parc des vestiges du château de Takato qui compte plus de mille cinq cents *sakura*, demeure une expérience impérissable. Les cerisiers au pied du château de Hirosaki et les fleurs tapissant le mont Yoshino, célébré à ce titre par nombre de poètes et de lettrés, ne manqueront pas non plus de vous charmer.
Le château de Takada, dans la préfecture de Niigata, s'entoure de quelque quatre mille cerisiers, tandis que le sublime jardin de Kenrokuen, à Kanazawa, vous ravira par sa splendide floraison. Dans la ville de Nagoya, les cerisiers bordant la rivière

Yamazaki s'avèrent particulièrement admirables, et le château de Hikone domine des centaines de superbes *sakura*.
La deuxième ville du Japon, Ōsaka, abrite plusieurs sites où faire *hanami*. Environ quatre mille cerisiers se pressent au pied du majestueux château, et plus de cinq mille le long du fleuve Ōkawa, sans compter ceux du parc commémoratif de l'Exposition universelle de 1970.

À Kyōto, les cerisiers sont partout et certains endroits offrent une vue vraiment spectaculaire, comme le Chemin de la philosophie (*Tetsugaku no Michi*, 哲学の道). Mais le lieu le plus prisé pour le *hanami* n'en reste pas moins le parc Maruyama. Dans la ville voisine de Nara, une autre ancienne capitale du Japon, le parc où se nichent quelques-uns des plus beaux temples nippons devient entièrement rose à l'époque de la floraison.
Citons, pour finir, le château de Himeji, Miyajima et le parc du Mémorial de la paix d'Hiroshima, le château de Matsuyama et les ruines de celui de Fukuoka, les cerisiers du château noir de Kumamoto, le parc Maruyama à Sapporo, etc. Pour le *hanami*, vous aurez en somme l'embarras du choix !

Lieux et expériences

Akita chapitre 34, page 162

Aomori chapitre 13, page 69 - chapitre 26, page 128

Gifu chapitre 6, page 37

Hario chapitre 30, page 144

Hashima chapitre 41, page 194

Hateruma chapitre 48, page 225

Hiraizumi chapitre 45, page 212

Hirosaki chapitre 26, page 128

Hiroshima chapitre 28, page 136

Hokkaidō chapitre 14, page 74 - chapitre 36, page 171

Ikitsuki chapitre 8, page 46

Itami chapitre 34, page 162

Iya chapitre 42, page 199

Kagoshima chapitre 33, page 158

Kamakura chapitre 20, page 102

Kasama chapitre 34, page 162

Kii chapitre 37, page 177 - chapitre 39, page 185

Kōbe chapitre 16, page 83

Kyōto chapitre 16, page 83 - chapitre 46, page 217

Matsumoto chapitre 35, page 167

Mikimoto chapitre 32, page 154

Lieux et expériences

Nagano chapitre 6, page 37 - chapitre 19, page 97

chapitre 34, page 162

Nagaoka chapitre 34, page 162

Nagasaki chapitre 25, page 123 - chapitre 29, page 140

Nakasendō chapitre 43, page 203

Nara chapitre 21, page 107

Naruto chapitre 15, page 79

Niigata chapitre 16, page 83

Odaiba chapitre 2, page 17 - chapitre 3, page 22

Ōmi chapitre 8, page 46

Owari chapitre 8, page 46

Okinawa chapitre 7, page 42

Lieux et expériences

Okunoshima chapitre 38, page 181

Ōsaka chapitre 28, page 136

Otaru chapitre 5, page 32

Shiga chapitre 34, page 162

Shiiba chapitre 42, page 199

Shima chapitre 31, page 149

Shimonoseki chapitre 27, page 132

Shirakawa chapitre 42, page 199

Taiji chapitre 8, page 46

Tokushima chapitre 25, page 123

Tōkyō chapitre 12, page 64 - chapitre 23, page 115
chapitre 28, page 136 - chapitre 40, page 190
chapitre 47, page 221

Tōno chapitre 18, page 92

Yokohama chapitre 4, page 27

Yoshinoyama chapitre 44, page 207

Jinbōchō chapitre 9, page 52

Ushiku chapitre 10, page 56

Notes de voyage

Notes de voyage

Notes de voyage

Notes de voyage

Notes de voyage

Notes de voyage

Notes de voyage

Notes de voyage

Notes de voyage

ANTONIO MOSCATELLO est journaliste à l'agence de presse Askanews, pour laquelle il couvre l'Asie. Diplômé de l'université Orientale de Naples, il a étudié et vécu au Japon, travaillant tout d'abord comme traducteur, puis comme correspondant, et s'est lancé dans le journalisme professionnel en 2001.

日本

AYANO OTANI est une illustratrice japonaise. Elle a exposé ses œuvres au crayon et à l'aquarelle dans toute l'Asie et a également collaboré avec des stylistes de France et d'autres pays européens. Pour NuiNui, elle a réalisé *Le Japon des femmes, Le Japon en 100 mots* et *Yōkai - Fantômes et lutins japonais.*